读古人书 友天下士

昌明国学 弘扬文化

崇文国学普及文库

曾国藩家书

[清]曾国藩 著

赵焕祯 注

长江出版传媒 | 崇文书局

总序

现代意义的“国学”概念，是在19世纪西学东渐的背景下，为了保存和弘扬中国优秀传统文化而提出来的。1935年，王缁尘在世界书局出版了《国学讲话》一书，第3页有这样一段说明：“庚子义和团一役以后，西洋势力益膨胀于中国，士人之研究西学者日益众，翻译西书者亦日益多，而哲学、伦理、政治诸说，皆异于旧有之学术。于是概称此种书籍曰‘新学’，而称固有之学术曰‘旧学’矣。另一方面，不屑以旧学之名称我固有之学术，于是有发行杂志，名之曰《国粹学报》，以与西来之学术相抗。‘国粹’之名随之而起。继则有识之士，以为中国固有之学术，未必尽为精粹也，于是将‘保存国粹’之称，改为‘整理国故’，研究此项学术者称为‘国故学’……”从“旧学”到“国故学”，再到“国学”，名称的改变意味着褒贬的不同，反映出身处内忧外患之中的近代诸多有识之士对中国优秀传统文化失落的忧思和希望民族振兴的宏大志愿。

从学术的角度看，国学的文献载体是经、史、子、集。崇文书局的这一套国学经典普及文库，就是从传统的经、史、子、集中精选出来的。属于经部的，如《诗经》《论语》《孟子》《周易》《大学》《中庸》《左传》；属于史部的，如《战国策》《史记》《三国志》《贞观政要》《资治通鉴》；属于子部的，如《道德经》《庄子》《孙子兵法》《鬼谷子》《世说新语》《颜氏家训》《容斋随笔》《本草纲目》《阅微草堂笔记》；属于集部的，如《楚辞》《唐诗三百首》《豪放词》《婉约词》《宋词三百首》《千家诗》《元曲三百首》《随园诗话》。这套书内容丰富，而分量适中。一个希望对中国优秀传统文化有所了解的人，读了这些书，一般说来，犯常识性错误的可能性就很小了。

崇文书局之所以出版这套国学经典普及文库，不只是为了普及国学常识，更重要的目的是，希望有助于国民素质的提高。在国学教育中，有一种倾向需要警惕，即把中国优秀的传统文化"博物馆化"。"博物馆化"是20世纪中叶美国学者列文森在《儒教中国及其现代命运》中提出的一个术语。列文森认为，中国传统文化在很多方面已经被博物馆化了。虽然中国传统的经典依然有人阅读，但这已不属于他们了。"不属于他们"的意思是说，这些东西没有生命力，在社会上没有起到提升我们生活品格的作用。很多人阅读古代经典，就像参观埃及文物一样。考古发掘出来的珍贵文物，和我们的生命没有多大的关系，和我们的生活没有多大关系，这就叫作博物馆化。"博物馆化"的国学经典是没有现实生命力的。要让国学经典恢复生命力，有效的方法是使之成为生活的一部分。崇文书局之所以强调普及，深意在此，期待读者在阅读这些经典时，努力用经典来指导自己的内外生活，努力做一个有高尚的人格境界的人。

国学经典的普及，既是当下国民教育的需要，也是中华民族健康发展的需要。章太炎曾指出，了解本民族文化的过程就是一个接受爱国主义教育的过程："仆以为民族主义如稼穑然，要以史籍所载人物制度、地理风俗之类为之灌溉，则蔚然以兴矣。不然，徒知主义之可贵，而不知民族之可爱，吾恐其渐就萎黄也。"（《答铁铮》）优秀的传统文化中，那些与维护民族的生存、发展和社会进步密切相关的思想、感情，构成了一个民族的核心价值观。我们经常表彰"中国的脊梁"，一个毋庸置疑的事实是，近代以前，"中国的脊梁"都是在传统的国学经典的熏陶下成长起来的。所以，读崇文书局的这一套国学经典普及读本，虽然不必正襟危坐，也不必总是花大块的时间，更不必像备考那样一字一句锱铢必较，但保持一种敬重的心态是完全必要的。

期待读者诸君喜欢这套书，期待读者诸君与这套书成为形影相随的朋友。

陈文新

（教育部长江学者特聘教授，武汉大学杰出教授）

前言

曾国藩，湖南长沙湘乡人，生于1811年，卒于1872年，被誉为中国近代历史上最有影响的人物之一。

他5岁启蒙，6岁即入家塾读书，8岁能读八股文、诵“五经”，14岁便通读《周礼》《史记》。道光六年（1826），当时年仅16岁的他应长沙府试，名列第七。20岁时就读于衡阳唐氏宗祠，师从汪觉庵。一年后转入湘乡涟滨书院。23岁考取秀才，次年中举人。他勤奋好学，于28岁中进士，授翰林院庶吉士，从此便开始了他漫长的仕途生涯。1847年超擢为内阁学士兼礼部侍郎，1849年又升授礼部右侍郎。在此后的九年里，他遍兼兵、工、刑、吏各部侍郎，掌管军政大权，十年七迁，连升十级，直至入阁拜相，官至二品大员，成了处于多事之秋的清王朝的中流砥柱。

咸丰二年(1852)，曾国藩因母丧返乡，恰逢太平天国兴兵两湖，经郭嵩焘力劝，出山保卫家乡，于次年赴长沙就任，与湖南巡抚商议办民兵团练，建立“湘军”，抵御并围剿太平军。曾国藩一生最大的事业即是率领湘军，为摇摇欲坠的大清王朝镇压了太平天国，被封为一等勇毅侯，成为清代以文人身份而封武侯的第一人。后历任两江总督、直隶总督，1872年病逝于南京，赠太傅，谥文正公。曾国藩是中国近代史上的一个传奇人物。他的历史功过，至今尚难有一个权威的结论。但从人的角度来看，毫无疑问，曾国藩身上有许多的优点，如他的人格修养和居安思危的忧患意识。其一生立志自拔于流俗，而困而知，而勉而行，历百难千阻而不退缩，是屡败屡战的光辉典范。他做事不求近效，放眼未来，铢积寸累，将之以勤，植之以刚，贞之以恒，帅之以诚，勇猛精进！

在修身和齐家上，曾国藩秉承了中华民族的传统美德，克己修身、严训子弟，不恃强凌弱，不居功自傲，不授人以柄，守中慎独，防患于未然。他笃于宋明理学，但也决不保守，在内忧外患面前，他勇于接受近代西方先进的科学技术，倡导洋务运动。这些在《曾国藩家书》中都有着丰富的体现。

本书收录曾氏从年轻至去世前的百余篇较有代表性的家书，按内容大抵可分为修身、治学、齐家、理财、交友、为政、用人等章。由这些书信，可窥斑见豹地探索曾氏一生之行为思想，从中感受到清朝末年的政治风云变幻和他仕途春风得意背后的感觉。由于树大招风，功高盖主，封建王朝随时都有再上演“走兔死，狡狗烹”的时代悲剧，所以他虽身居高位，但内心却如履薄冰，如临深渊。为还原文献本来面目，本次编稿将于讹脱衍倒之处加方括号标以正字。

曾氏家书是一面镜子，真实折射出了他复杂的内心世界。读之，我们感觉是在和一颗伟大而丰富的心灵在对话，不知不觉中，我们心中涌起了敬意，人生境界得到了净化和超拔。

目录

修身篇

治学篇

齐家篇

理财篇

交友篇

为政篇

用人篇

修身篇

禀父亲·谨守父亲保身之则

（道光二十一年五月十八日）

男国藩跪禀父亲大人万福金安：

自闰三月十四日在都门拜送父亲，嗣后共接家信五封：十五日接四弟在涟滨所发信，系第二号，始知正月信已失矣；二十二日接父亲在二十里铺发信；四月二十八巳刻接在汉口寄曹颖生家信；申刻又接在汴梁寄信；五月十五接父亲到长沙发信，内有四弟信、六弟文章五首。诸悉祖父母大人康强，家中老幼平安，诸弟读书发奋，并喜父亲出京，一路顺畅，自京至省，仅三十余日，真极神速！

男于闰月十六发第五号家信，四月十一发六号，十七发七号，不知家中均收到否？迩际[①]男身体如常，每夜早眠，起亦渐早。惟不耐久思，思多则头昏，故常冥心于无用，优游涵养，以谨守父亲保身之训。

九弟功课有常，《礼记》九本已点完，《鉴》已看至三国，《斯文精萃》诗、文各已读半本，诗略进功，文章未进功。男亦不求速效，观其领悟，已有心得，大约手不从心耳。

甲三于四月下旬能行走，不须扶持，尚未能言，无乳可食，每日一粥两饭。家妇身体亦好，已有梦熊之喜。婢仆皆如故。

今年新进士龙翰臣得状元，系前任湘乡知县见田年伯之世兄。同乡六人，得四庶常、两知县。复试单已于闰三月十六付回，兹又付呈殿试朝考全单。同乡京官如故。郑莘田给谏服阕来京。梅霖生病势沉重，深为可虑。黎樾乔老前辈处，父亲未去辞行，男已道达此意。广东之事，四月十八得捷音，兹将抄报付回。男等在京自知谨慎，堂上各老人不必挂怀。

家中事，兰姊去年生育，是男是女？楚善事如何成就？伏望示知。

即请母亲大人万福金安。

男谨禀

【注释】

① 迩际：现在，目前。

禀父母·痛改前非自我反省

（道光二十二年十月二十六日）

男国藩跪禀父母亲大人万福金安：

十月二十二奉到手谕，敬悉一切。

郑小珊处小隙[①]已解。男从前于过失，每自忽略，自十月以来，念念改过，虽小必惩，其详具载示弟书中。耳鸣近日略好，然微劳即鸣。每日除应酬外，不能不略自用功，虽欲节劳，实难再节。手谕示以节劳节欲节饮食，谨当时时省记。

萧辛五先生处，寄信不识靠得住否？龙翰臣父子已于十月初一日到京，布匹线索俱已照单收到，惟茶叶尚在黄恕皆处。恕皆有信与男，本月可到也。

男妇等及孙男女皆平安，余详与弟书。

谨禀

【注释】

① 隙：嫌隙。

致诸弟·明师益友虚心请教

（道光二十二年十月二十六日）

诸位贤弟足下：

十月二十一日接九弟在长沙所发信，内途中日记六页，外药子一包。二十二接九月初二日家信，欣悉以慰。

自九弟出京后，余无日不忧虑，诚恐道路变故多端，难以臆揣。及读来书，果不出吾所料，千辛万苦，始得到家，幸哉幸哉！郑伴之不足恃，余早已知之矣。郁滋堂如此之好，余实不胜感激。在长沙时，曾未道及彭山屺。何也？又为祖母买皮袄，极好极好，可以补吾之过矣。

观四弟来信甚详，其发奋自励之志溢于行间，然必欲找馆出外，此何意也？不过谓家塾离家太近，容易耽搁，不如出外较清净耳。然出外从师，则无甚耽搁，若出外教书，其耽搁更甚于家塾矣。且苟能发奋自立，则家塾可读书，即旷野之地、热闹之场亦可读书，负薪牧豕[①]，皆可读书；苟不能发奋自立，则家塾不宜读书，即清净之乡、神仙之境，皆不能读书，何必择地？何必择时？但自问立志之真不真耳！

六弟自怨数奇[②]，余亦深以为然。然屈于小试，辄发牢骚，吾窃笑其志之小，而所忧之不大也。

君子之立志也，有民胞物与之量，有内圣外王之业，而后不忝于父母之生，不愧为天地之完人。故其为忧也，以不如舜不如周公为忧也，以德不修学不讲为忧也。是故顽民梗化则忧之，蛮夷猾夏则忧之，小人在位贤才否闭则忧之，匹夫匹妇不被己泽则忧之。所谓悲天命而悯人穷，此君子之所忧也。若夫一身之屈伸，一家之饥饱，世俗之荣辱得失，贵贱毁誉，君子固不暇忧及此也。

六弟屈于小试，自称数奇，余窃笑其所忧之不大也。

盖人不读书则已，亦即自名曰读书人，则必从事于《大学》。《大学》之纲领有三：明德、新民、止至善，皆我分内事也。若读书不能体贴到身上去，谓此三项与我身了不相涉，则读书何用？虽使能文能诗，博雅自诩，亦只算得识字之牧猪奴耳！岂得谓之明理有用之人也乎？朝廷以制艺取士，亦谓其能代圣贤立言，必能明圣贤之理，行圣贤之行，可以居官莅民、整躬率物也。若以明德、新民为分外事，则虽能文能诗，而于修己治人之道实茫然不讲，朝廷用此等人作官，与用牧猪奴作官何以异哉？

然则既自名为读书人，则《大学》之纲领，皆己身切要之事明矣。其条目有八，自我观之，其致功之处，则仅二者而已：曰格物，曰诚意。

格物，致知之事也；诚意，力行之事也。物者何？即所谓本末之物也。身、心、意、知、家、国、天下，皆物也；天地万物，皆物也；日用常行之事，皆物也。格者，即物而穷其理也。如事亲定省，物也；究其所以当定省之理，即格物也。事兄随行，物也；究其所以当随行之理，即格物也。吾心，物也；究其存心之理，又博究其省察涵养以存心之理，即格物也。吾身，物也；究其敬身之理，又博究其立齐坐尸以敬身之理，即格物也。每日所看之书，句句皆物也；切己体察，穷究其理，即格物也。此致知之事也。所谓诚意者，即其所知而力行之，是不欺也，知一句便行一句；此力行之事也。此二者并进，下学在此，上达亦在此。

吾友吴竹如格物工夫颇深，一事一物，皆求其理。倭艮峰先生则诚意工夫极严，每日有日课册，一日之中，一念之差，一事之失，一言一默，皆笔之于书。书皆楷字，三月则订一本，自乙未年起，今三十本矣。盖其慎独之严，虽妄念偶动，必即时克治，而著之于书，故所读之书，句句皆切身之要药。兹将艮峰先生日课抄三页付归，与诸弟看。

余自十月初一日起，亦照艮峰样，每日一念一事，皆写之于册，以便触目克治，亦写楷书。冯树堂与余同日记起，亦有日课册。树堂极为虚心，爱我如兄，敬我如师，将来必有所成。余向来有无恒之弊，自此次写日课本子起，可保终身有恒矣，盖明师益友，重重夹持，能进不能退也。本欲抄余日课册付诸弟阅，因今日镜海先生来，要将本子带回去，故不及抄。十一月有折差，准抄几页付回也。

余之益友，如倭艮峰之瑟僩[③]，令人对之肃然；吴竹如、窦兰泉之精义，一言一事，必求至是；吴子序、邵蕙西之谈经，深思明辨；何子贞之谈字，其精妙处，无一不合，其谈诗尤最符契[④]。子贞深喜吾诗，故吾自十月来，已作诗十八首，兹抄二页，付回与诸弟阅。冯树堂、陈岱云之立志，汲汲不遑，亦良友也。镜海先生，吾虽未尝执贽[⑤]请业，而心已师之矣。

吾每作书与诸弟，不觉其言之长，想诸弟或厌烦难看矣。然诸弟苟有长信与我，我实乐之，如获至宝，人固各有性情也。

余自十月初一日起记日课，念念欲改过自新。思从前与小珊有隙，实是一朝之忿，不近人情，即欲登门谢罪。恰好初九日小珊来拜寿，是夜余即至小珊家久谈。十三日与岱云合伙请小珊吃饭，从此欢笑如初，前隙尽释矣。

金竺虔报满用知县，现住小珊家，喉痛月余，现已全好。李笔峰在汤家如故。易莲舫要出门就馆，现亦甚用功，亦学倭艮峰者也。同乡李石梧已升陕西巡抚。两大将军皆锁拿解京治罪，拟斩监候。英夷之事，业已和抚。去银二千一百万两，又各处让他码头五处。现在英夷已全退矣。两江总督牛鉴，亦锁解刑部治罪。

近事大略如此。容再续书。

兄国藩手具

【注释】

① 负薪牧豕：负薪，背柴，相传汉代朱买臣背着柴草时还刻苦读书。牧豕，放猪，相传汉代承宫一边放猪，同时还在听讲解经书。

② 数奇：指命运不好，遇事不利。

③ 倜：胸襟开阔。

④ 符契：符合、契合。

⑤ 贽：拜见师长时所持的礼物。

禀父母·劝弟勿夜郎自大

（道光二十四年七月二十日）

男国藩跪禀父母亲大人万福金安：

六月二十三日男发第七号信交折差，七月初一日发第八号交王仕四手，不知已收到否？

六月二十日接六弟五月十二书，七月十六接四弟、九弟五月二十九日书。皆言忙迫[①]之至，寥寥数语，字迹潦草，即县试案首前列皆不写出。同乡有同日接信者，即考古考老生皆已详载。同一折差也，各家发信迟十余日而从容，诸弟发信早十余日而忙迫，何也？且次次忙迫，无一次稍从容者，又何也？

男等在京大小平安。同乡诸家皆好，惟汤海秋于七月八日得病，初九未刻即逝。六月二十八考教习，冯树堂、郭筠仙、朱啸山皆取。湖南今年考差，仅何子贞得差，余皆未放。惟陈岱云光景[②]最苦，男因去年之病，反以不放为乐。王仕四已善为遣回。率五大约在粮船回，现尚未定。渠身体平安，二妹不必挂心。叔父之病，男累求详信直告，至今未得，实不放心。甲三读《尔雅》，每日二十余字，颇肯率教[③]。

六弟今年正月信欲从罗罗山处附课，男甚喜之，后来信绝不提及，不知何故？所付来京之文，殊不甚好，在省读书二年，不见长进，男心实忧之，而无如何，只恨男不善教诲而已。大抵第一要除骄傲气习，中无所有而夜郎自大，此最坏事。四弟、九弟虽不长进，亦不自满，求大人教六弟，总期不自满足为要。余俟续呈。

男谨禀

【注释】

① 忙迫：意指忙碌。

② 光景：情形。

③ 率教：听教。

致诸弟·劝弟谨记进德修业

（道光二十四年八月二十九日）

四位老弟左右：

昨二十七日接信，快畅之至，以信多而处处详明也。四弟七夕诗甚佳，已详批诗后。从此多作诗亦甚好，但须有志有恒，乃有成就耳。

余于诗亦有工夫，恨当世无韩昌黎及苏、黄一辈人可与发吾狂言者。但人事太多，故不常作诗；用心思索，则无时敢忘之耳。

吾人只有进德、修业两事靠得住。进德，则孝弟仁义是也；修业，则诗文作字是也。此二者由我作主，得尺则我之尺也，得寸则我之寸也。今日进一分德，便算积了一升谷；明日修一分业，又算余了一文钱；德业并增，则家私日起。至于功名富贵，悉由命定，丝毫不能自主。昔某官有一门生为本省学政，托以两孙，当面拜为门生。后其两孙岁考临场大病，科考丁艰[①]，竟不入学。数年后两孙乃皆入，其长者仍得两榜。此可见早迟之际，时刻皆有前定，尽其在我，听其在天，万不可稍生妄想。六弟天分较诸弟更高，今年受黜[②]，未免愤怨，然及此正可困心横虑，大加卧薪尝胆之功，切不可因愤废学。

九弟劝我治家之法，甚有道理，喜甚慰甚。自荆七遣去之后，家中亦甚整齐，问率五归家便知。《书》曰：“非知之艰，行之维艰。”九弟所言之理，亦我所深知者，但不能庄严威厉，使人望若神明耳。自此后，当以九弟言书诸绅而刻刻警省。

季弟信天性笃厚，诚如四弟所云“乐何如之”。求我示读书之法及进德之道。另纸开示，余不具。

国藩手草

【注释】

① 丁艰：旧时称遭父母之丧为丁艰。

② 黜：降职或罢免。

致诸弟·劝弟切勿恃才傲物

（道光二十四年十月二十一日）

四位老弟足下：

前次回信内有四弟诗，想已收到。九月家信有送率五诗五首，想已阅过。吾人为学，最要虚心。尝见朋友中有美材者，往往恃才傲物，动谓人不如己，见乡墨则骂乡墨不通，见会墨则骂会墨不通，既骂房官，又骂主考，未入学者，则骂学院。平心而论，己之所为诗文，实亦无胜人之处；不特无胜人之处，而且有不堪对人之处。只为不肯反求诸己，便都见得人家不是，既骂考官，又骂同考而先得者。傲气既长，终不进功，所以潦倒一生，而无寸进也。

余平生科名极为顺遂，惟小考七次始售。然每次不进，未尝敢出一怨言，但深愧自己试场之诗文太丑而已。至今思之，如芒在背。当时之不敢怨言，诸弟问父亲、叔父及朱尧阶便知。盖场屋之中，只有文丑而侥幸者，断无文佳而埋没者，此一定之理也。

三房十四叔非不勤读，只为傲气太胜，自满自足，遂不能有所成。京城之中，亦多有自满之人，识者见之，发一冷笑而已。又有当名士者，鄙科名为粪土，或好作诗古，或好讲考据，或好谈理学，嚣嚣①然自以为压倒一切矣。自识者观之，彼其所造，曾无几何，亦足发一冷笑而已。故吾人用功，力除傲气，力戒自满，毋为人冷笑，乃有进步也。

诸弟平日皆恂恂退让，弟累年小试不售，恐因愤激之久，致生骄惰之心，故特作书戒之。务望细思吾言而深省焉，幸甚幸甚。

国藩手草

【注释】

① 嚣嚣：喧哗，吵闹。此处比喻沸沸扬扬。

禀父母·做事当不苟不懈

（道光二十九年四月十六日）

男国藩跪禀父母亲大人万福金安：

四月十四日，接奉父亲三月初九日手谕，并叔父大人贺喜手示，及四弟家书。敬悉祖父大人病体未好，且日加沉剧。父、叔率诸兄弟服侍已逾三年，无昼夜之间，无须臾[①]之懈。独男一人远离膝下，未得一日尽孙子之职，罪责甚深。闻华弟、荃弟文思大进，葆弟之文得华弟讲改，亦日驰千里，远人闻此，欢慰无极。

男近来身体不甚结实，稍一用心，即癣发于面。医者皆言心亏血热，故不能养肝，热极生风，阳气上干，故见于头面。男恐大发，则不能入见二月二十三谢恩，蒙召见。三月十四日值班，蒙召见。三十又蒙召见，故不敢用心，谨守大人保养身体之训，隔日一至衙门办公事，余则在家，不妄出门。现在衙门诸事，男俱已熟悉，各司官于男皆甚佩服，上下水乳交融，同寅亦极协和。男虽终身在礼部衙门为国家办此照例之事，不苟不懈，尽就条理，亦所深愿也。

英夷在广东，今年复请入城；徐总督办理有方，外夷折服，竟不入城，从此永无夷祸，圣心嘉悦之至（四月十五日上谕甚嘉奖，兹付呈）。李石梧前辈告病。陆立夫总制两江，亦极能胜任。术者[②]每言皇上连年命运行劫财地，去冬始交脱，皇上亦每为臣工言之。今年气象果为昌泰，诚国家之福也。

儿妇及孙女辈皆好。长孙纪泽前因开蒙太早，教得太宽。顷读毕《书经》，请先生再将《诗经》点读一遍，夜间讲《纲鉴》正史，约已讲至秦商鞅开阡陌。

李家亲事，男因桂阳州往来太不便，已在媒人唐鹤九处回信不对。常家亲事，男因其女系妾所生，且闻其嫡庶不甚和睦，又闻其世兄不甚守俭敦朴，亦不愿对。南陔先生今年来京时，男不与之提及此事，渠已知其不谐矣。

纪泽儿之姻事屡次不就，男当年亦十五岁始定婚，则纪泽再缓一二年，亦无不可。或求大人即在乡间选一耕读人家之女，或男在京自定，总以无富贵气习者为主。纪湮对郭雨三之女，虽未订盟，而彼此呼亲家，称姻弟，往来亲密，断不改移。二孙女对岱云之次子，亦不改移。谨此禀问，余详与诸弟书中。

男谨禀

【注释】

① 须臾：片刻。

② 术者：算命的人。

致诸弟·劝宜力除牢骚

（咸丰元年九月初五日）

澄侯、温甫、子植、季洪四弟足下：

日来京寓大小平安。癣疾又已微发，幸不为害，听之而已。湖南榜发，吾邑竟不中一人。沅弟书中言温弟之文典丽矞皇，亦尔被抑，不知我诸弟中将来科名究竟何如？以祖宗之积累及父亲、叔父之居心立行，则诸弟应可多食厥报。以诸弟之年华正盛，即稍迟一科，亦未遽为过时。特兄自近年以来，事务日多，精神日耗，常常望诸弟有继起者，长住京城，为我助一臂之力。且望诸弟分此重任，余亦欲稍稍息肩，乃不得一售，使我中心无倚。

盖植弟今年一病，百事荒废，场中又患眼疾，自难见长。温弟天分本甲于诸弟，惟牢骚太多，性情太懒。前在京华不好看书，又不作文，余心即甚忧之。近闻还家以后，亦复牢骚如常，如数月不搦管为文。吾家之无人继起，诸弟犹可稍宽其责，温弟则实自弃，不得尽诿其咎于命运。

吾尝见友朋中牢骚太甚者，其后必多抑塞，如吴檀台、凌荻舟之流，指不胜屈。盖无故而怨天，则天必不许；无故而尤人，则人必不服。感应之理，自然随之。温弟所处，乃读书人中最顺之境，乃动则怨尤满腹，百不如意，实我之所不解。以后务宜力除此病，以吴檀台、凌荻舟为眼前之大戒。凡遇牢骚欲发之时，则反躬自思：吾果有何不足而蓄此不平之气？猛然内省，决然去之。不惟平心谦抑，可以早得科名，亦且养此和气，可以消减病患。万望温弟再三细想，勿以吾言为老生常谈，不值一哂也。

王晓林先生（植）在江西为钦差，昨有旨命其署江西巡抚。余署刑部，恐须至明年乃能交卸。袁漱六昨又生一女，凡四女，已殇其二。又丧其兄，又丧其弟，又一差不得，甚矣！穷翰林之难当也。黄麓西由江苏引见入京，迥非昔日初中进士时气象，居然有经济才。王衡臣于闰月初九引见，以知县用，后于月底搬寓下洼一庙中，竟于九月初二夜无故遽卒。先夕与同寓文任吾谈至二更，次早饭时，讶其不起，开门视之，则已死矣。死生之理，善人之报，竟不可解。

邑中劝捐弥补亏空之事，余前已有信言之，万不可勉强勒派。

我县之亏，亏于官者半，亏于书吏者半，而民则无辜也。向来书吏之中饱，上则吃官，下则吃民，名为包征包解。其实当征之时，则以百姓为鱼肉而吞噬之；当解之时，则以官为雉媒而播弄之。官索钱粮于书吏之手，犹索食于虎狼之口，再四求之，而终不肯吐。所以积成巨亏，并非实欠在民，亦非官之侵蚀入己也。

今年父亲大人议定粮饷之事，一破从前包征包解之陋风，实为官民两利，所不利者，仅书吏耳。即见制台留朱公，亦造福一邑不小。诸弟皆宜极力助父大人办成此事。惟捐银弥亏则不宜操之太急，须人人愿捐乃可。若稍有勒派，则好义之事反为厉民之举，将来或翻为书吏所借口，必且串通劣绅，仍还包征包解之故智，万不可不预防也。

梁侍御处银二百，月内必送去，凌宅之二百，亦已兑去。公车来，兑五七十金，为送亲族之用，亦必不可缓。但京寓近极艰窘，此外不可再兑也。

邑令既与我家商办公事，自不能不往还，然诸弟苟可得已，即不宜常常入署。陶、李二处，容当为书。本邑亦难保无假名请托者，澄弟宜预告之。

书不详尽，余俟续具。

兄国藩手草

致九弟·劝弟须保护身体

（咸丰七年十月初四日）

沅甫九弟左右：

二十二日写就一函，拟交首宅来足带省。二十二日夜灯后，右九、金八归，接弟十五夜所发之信，知十六日已赴吉安矣，遂不寄首宅信。屈指计弟二十四日的可抵营，二十五六当专人归来，今日尚未到家，望眼又复悬悬。

九月二十四日六叔父六旬晋一冥寿，焚包致祭。科一、科四、科六亦往与祭。关秀姑娘于十九日生子。临三、昆八于十月初一日散学，拟初间即往邹至堂处读冬书，亦山先生之所荐也。枚谷先生十月中旬可散学，亦山先生不散学。科四已读《离娄》八叶，科六读至“点尔何如”，工课尚算有常。家中诸事，弟不必挂虑。

吉字中营尚易整顿否？古之成大事者，规模远大与综理密微，二者阙一不可。弟之综理密微，精力较胜于我。军中器械其略精者，宜另立一簿，亲自记注，择人而授之。古人以铠仗鲜明为威敌之要务，恒以取胜。刘峙衡于火器亦勤于修整，刀矛则全不讲究。余曾派褚景昌赴河南采买白蜡杆子，又办腰刀分赏各将弁，人颇爱重。弟试留心此事，亦综理之一端也。至规模宜大，弟亦讲求及之。但讲阔大者，最易混入散漫一路。遇事颟顸，毫无条理，虽大亦奚足贵？等差不紊，行之可久，斯则器局宏大，无有流弊者耳。顷胡润芝中丞来书，赞弟有曰“才大器大”四字，余甚爱之。才根于器，良为知言。

湖口贼舟于九月八日焚夺净尽，湖口梅家洲皆于初九日攻克。三年积愤，一朝雪耻，雪琴从此重游浩荡之宇。惟次青尚在坎窞之中，弟便中可与通音问也。润翁信来，仍欲奏请余出东征。余顷复信，具陈其不宜。不知可止住否？彭中堂复信一缄，由弟处寄至文方伯署，请其转递至京。或弟有书呈藩署，未添一笔亦可。李迪庵近有请假回籍省亲之意，但未接渠手信。渠之带勇，实有不可及处，弟宜常与通信，殷殷请益。

弟在营须保养身体，肝郁最易伤人，余生平受累以此，宜和易以调之也。兹着王芝三赴吉，扱家中近日琐事，并问迩好，余俟续具。

兄国藩手草

外澄弟信一件，温弟信一件，罣山写信一件，陈心壶家信一件，京信一件。

致九弟·做人须要有恒心

（咸丰七年十二月十四日夜）

沅甫九弟左右：

十二日正七、有十归，接弟信，备悉一切。

定湘营既至三曲滩，其营官成章鉴亦武弁中之不可多得者，弟可与之款接。

来书谓意趣不在此，则兴会索然，此却大不可。凡人作一事，便须全副精神注在此一事，首尾不懈。不可见异思迁，做这样想那样，坐这山望那山。人而无恒，终身一无所成。我生平坐犯无恒的弊病，实在受害不小。当翰林时，应留心诗字，则好涉猎它书，以纷其志。读性理书时，则杂以诗文各集，以歧其趋。在六部时，又不甚实力讲求公事。在外带兵，又不能竭力专治军事，或读书写字以乱其志意。坐是垂老而百无一成，即水军一事，亦掘井九仞而不及泉，弟当以为鉴戒。现在带勇，即埋头尽力以求带勇之法，早夜孳孳，日所思，夜所梦，舍带勇以外则一概不管。不可又想读书，又想中举，又想作州县，纷纷扰扰，千头万绪，将来又蹈我之覆辙，百无一成，悔之晚矣。

带勇之法，以体察人才为第一，整顿营规、讲求战守次之。

《得胜歌》中各条，一一皆宜详求。至于口粮一事，不宜过于忧虑，不可时常发禀。弟营既得楚局每月六千，又得江局每月二三千，便是极好境遇。李希庵十二来家，言迪庵意欲帮弟饷万金。又余有浙盐赢余万五千两在江省，昨盐局专丁前来禀询，余嘱其解交藩库充饷，将来此款或可酌解弟营，但弟不宜指请耳。

饷项既不劳心，全副精神讲求前者数事，行有余力则联络各营，款接绅士。身体虽弱，却不宜过于爱惜，精神愈用则愈出，阳气愈提则愈盛。每日作事愈多，则夜间临睡愈快活。若存一爱惜精神的意思，将前将却，奄奄无气，决难成事。凡此皆因弟兴会索然之言而切戒之者也。弟宜以李迪庵为法，不慌不忙，盈科后进，到八九个月后，必有一番回甘滋味出来。余生平坐无恒流弊极大，今老矣，不能不教诫吾弟吾子。

邓先生品学极好，甲三八股文有长进，亦山先生亦请邓改文。亦山教书严肃，学生甚为畏惮。吾家戏言戏动积习，明年吾在家当与两先生尽改之。

下游镇江、瓜洲同日克复，金陵指日可克。厚庵放闽中提督，已赴金陵会剿，准其专折奏事。九江亦即日可复。大约军事在吉安、抚、建等府结局，贤弟勉之。吾为其始，弟善其终，实有厚望。若稍参以客气，将以敎志，则不能为我增气也。营中哨队诸人气尚完固否？下次祈书及。家中四宅平安。澄弟十四日赴县吊丧。余无它事，顺问近好。

兄国藩草

致九弟·言凶德有二端

（咸丰八年三月初六日）

沅甫九弟左右：

初三日刘福一等归，接来信，借悉一切。城贼围困已久，计不久亦可攻克。惟严断文报是第一要义，弟当以身先之。

家中四宅平安。季弟尚在湘潭，澄弟初二日自县城归矣。余身体不适，初二日住白玉堂，夜不成寐。温弟何日至吉安？在县城、长沙等处尚顺遂否？

古来言凶德致败者约有二端：曰长傲，曰多言。丹朱之不肖，曰傲，曰嚣讼，即多言也。历观名公巨卿，多以此二端败家丧身。余生平颇病执拗，德之傲也；不甚多言，而笔下亦略近乎嚣讼。静中默省愆尤，我之处处获戾，其源不外此二者。温弟性格略与我相似，而发言尤为尖刻。凡傲之凌物，不必定以言语加人，有以神气凌之者矣，有以面色凌之者矣。温弟之神气稍有英发之姿，面色间有蛮很之象，最易凌人。凡心中不可有所恃，心有所恃则达于面貌。以门地言，我之物望大减，方且恐为子弟之累；以才识言，近今军中炼出人才颇多，弟等亦无过人之处，皆不可恃。只宜抑然自下，一味言忠信行笃敬，庶几可以遮护旧失、整顿新气，否则，人皆厌薄之矣。沅弟持躬涉世，差为妥叶。温弟则谈笑讥讽，要强充老手，犹不免有旧习，不可不猛省，不可不痛改。闻在县有随意嘲讽之事，有怪人差帖之意，急宜惩之。余在军多年，岂无一节可取？只因傲之一字，百无一成，故谆谆教诸弟以为戒也。

九弟妇近已全好，无劳挂念。沅在营宜整刷精神，不可懈怠，至嘱。

兄国藩手草

致九弟·愿共鉴戒二弊

（咸丰八年三月二十四日）

沅甫九弟左右：

二十日胡二等归，接弟十三夜书，具悉一切。所论兄之善处，虽未克当，然亦足以自怡。兄之郁郁不自得者，以生平行事有初鲜终；此次又草草去职，致失物望，不无内疚。

朱尧阶于初九日来家。刘霞仙侍其叔父镜湖于十三日来家，悉心诊视。先用开痰之剂，旋服解郁之方，日有效验。镜叟于十九日归去，以二十五日为季子完娶也。霞仙亦于二十三日归去。

长傲、多言二弊，历观前世卿大夫兴衰及近日官场所以致祸福之由，未尝不视此二者为枢机，故愿与诸弟共相鉴诫。第能惩此二者，而不能勤奋以图自立，则仍无以兴家而立业。故又在乎振刷精神，力求有恒，以改我之旧辙，而振家之丕基。弟在外数月，声望颇隆，总须始终如一，毋怠毋荒，庶几于弟为初旭之升，而于兄亦代为桑榆之补。至嘱至嘱。

次青奏赴浙江，令人阅之气王。以次青之坚忍，固宜有出头之一日，而咏公亦可谓天下之快人快事矣。

弟劝我与左季高通书问，此次暂未暇作，准于下次寄弟处转递。此亦兄长傲之一端，弟既有言，不敢遂非也。

家中四宅小大平安。纪泽尚未归，闻二十一日在省起行。韩升二十二日来家，渠二人当酌派一人前赴弟营。余不一一，顺问近好，统惟心照。

兄国藩手草

致九弟·注意平和二字

（咸丰八年三月三十日）

沅甫九弟左右：

春二、安五归，接手书，知营中一切平善，至为欣慰。

次青二月以后无信寄我，其眷属至江西，不知果得一面否？弟寄接到胡中丞奏伊入浙之稿，未知果否成行？顷得耆中丞十三日书，言浙省江山、兰溪两县失守，调次青前往会剿，是次青近日声光，亦渐渐脍炙人口。广信、衢州两府不失，似浙中终可无虑，未审近事究复如何？广东探报，言逆夷有船至上海，亦恐其为金陵余孽所攀援，若无此等意外波折，则洪、杨股匪，不患今岁不平耳。

九江竟尚未克，林启荣之坚忍实不可及。闻麻城防兵于三月十日小挫一次，未知确否？弟于次青、迪、厚、雪琴等处须多通音问，俾余亦略有见闻也。

家中四宅大小眷口清吉。兄病体已愈十之七八，日内并未服药，夜间亦能熟睡，至子丑以后则醒，是中年后人常态，不足异也。纪泽自省城归，二十五日到家。尧阶二十六日归去。澄侯二十七日赴永丰，为书院监课事。湘阴吴贞阶司马于二十六日来乡，是厚庵嘱其来一省视，次日归去。

余所奏报销大概规模一折，奉朱批“该部议奏”。户部奏于二月初九日复奏，言“曾国藩所拟尚属妥协”云云。至将来需用部费，不下数万。闻杨、彭在华阳镇抽厘，每月可得二万，系雪琴督同凌荫廷、刘国斌等经纪其事，其银归水营杨、彭两大股分用。余偶言可从此项下设法筹出部费，贞阶力赞其议，想杨、彭亦必允从。此款有着，则余心又少一牵挂。

郭意诚信言四月当来乡一次。胡莲舫信言五月当来一次。余前荐许仙屏至杨军门处，系厚庵专人来此请荐作奏者。余荐意诚、仙屏二人，闻胡中丞荐刘小钺（芳蕙，袁州人），已为起草一次，不知尚须再请仙屏否？余因厚庵未续有缄来，故未先告仙屏也。仙屏上次有一信与余，尚未复信。若已来吉营，乞先为致意。季高处此次匆遽，尚未作书，下次决不食言。

温弟尚在吉安否？前胡二等赴吉，余信中未道及温弟事。两弟相晤时，日内必甚欢畅。温弟丰神较峻，与兄之伉直简澹虽微有不同，而其难于谐世，则殊途而同归，余常用为虑。大抵胸多抑郁，怨天尤人，不特不可以涉世，亦非所以养德；不特无以养德，亦非所以保身。中年以后，则肝肾交受其病，盖郁而不畅，则伤木；心火上烁，则伤水。余今日之目疾及夜不成寐，其由来不外乎此。故于两弟时时以平和二字相勖，幸勿视为老生常谈，至要至嘱。

朱云亭妹夫二十七日来看余疾，语及其弟存七尚无功名。兹开具履历名条，望弟即为玉成之。亲族往弟营者人数不少，广厦万间，本弟素志。第善觇国者，睹贤哲在位，则卜其将兴；见冗员浮杂，则知其将替。善觇军者亦然。似宜略为分别，其极无用者，或厚给途费遣之归里，或酌赁民房令住营外，不使军中有惰漫喧杂之象，庶为得宜。

至顿兵城下，为日太久，恐军气渐懈，如雨后已弛之弓，三日已腐之馔，而主者晏然，不知其不可用，此宜深察者也。附近百姓果有骚扰情事否？此亦宜深察者也。

目力极疲，此次用先大夫眼镜，故字略小，而蒙蒙者仍如故。温弟未及另缄，谅之。

兄国藩手草

致九弟·圣门教人不外敬恕二字

（咸丰八年五月十六日）

沅甫九弟左右：

十三日安五等归，接手书，借知一切。抚、建各府克复，惟吉安较迟，弟意自不能无介介。然四方围逼，成功亦当在六七两月耳。

家中四宅眷口平安。十二日叔母寿辰，男女共九席，家人等三席。罣山先生十四日来馆，瀛皆先生十五日来馆。澄侯弟于十二晚往永丰一带吊各家之丧，均要余作挽联。余挽贺映南之夫人云：柳絮因风，阃内先芬堪继武（姓谢）；麻衣如雪，阶前后嗣总能文。挽胡信贤之母云：元女太姬，祖德溯二千余载；周姜京室，帝梦同九十三龄（胡母九十三岁）。

近来精力日减，惟此事尚颇如常。澄弟谓此亦可卜其未遽衰也。

袁漱六之戚郑南乔自松江来，还往年借项二百五十两。具述漱六近状，官声极好，宪眷极渥，学问与书法并大进，江南人仰望甚至，以慰以愧。

杨家滩周俊大兄号少濂，与余同读同考，多年相好。频年先祖、先考妣之丧，均来致情。昨来家中，以久试不进，欲投营博一功名，求荐至吉营。余以功牌可得，途费可赠，保举则不可必。渠若果至吉营，望弟即日填功牌送之，兼送以来往途费。如有机可假，或恰逢克复之日，则望保以从九县丞之类；若无机会，亦不勉强，以全余多年旧好。余昔在军营不妄保举，不乱用钱，是以人心不附，至今以后诟病。

近日揣摩风会，一变前志。上次有孙、韩、王之托，此次又有周君之托，盖亦情之不得已者。孙、韩、王三人，或保文职亦可，渠辈眼高，久已厌薄千、把也。仙屏在营，弟须优保之，借此以汲引人才。余未能超保次青，使之沉沦下位，至今以为大愧大恨之事。仙屏无论在京在外，皆当有所表见。成章鉴是上等好武官，亦宜优保。

弟之公牍信启俱大长进。上次谢王雁汀一缄，系弟一手所成？抑系魏、彭辈初稿润色？祈复示？吴子序现在何处？查明见复，并详问其近况。

余身体尚好，惟出汗甚多，三年前虽酷暑而不出汗，今胸口汗珠累累，而肺气日弱，常用惕然。甲三体亦弱甚，医者劝服补剂，余未敢率尔也。弟近日身体健否？科四、六体气甚好，科四比弟在家时更为结实，科六则活泼如常，是为可喜。甲五目疾十愈其八，右目光总欠四分耳。

余不一一，即问近好。

兄国藩手草

再者，人生适意之时不可多得，弟现在上下交誉，军民咸服，颇称适意，不可错过时会，当尽心竭力，做成一个局面。圣门教人不外敬恕二字，天德王道，彻始彻终，性功事功，俱可包括。余生平于敬字无工夫，是以五十而无所成。至于恕字，在京时亦曾讲求及之。近岁在外，恶人以白眼藐视京官，又因本性倔强，渐近于愎，不知不觉做出许多不恕之事，说出许多不恕之话，至今愧耻无已。弟于恕字颇有工夫，天质胜于阿兄一筹。至于敬字，则亦未尝用力，宜从此日致其功，于《论语》之九思、《玉藻》之九容，勉强行之。临之以庄，则下自加敬。习惯自然，久久遂成德器，庶不至徒做一场话说，四十五十而无闻也。

兄再行。

字谕纪泽儿·余平生有“三耻”

（咸丰八年八月二十日）

字谕纪泽儿：

十九日曾六来营，接尔初七日第五号家信并诗一首，具悉。次日入闱，考具皆齐矣。此时计已出闱还家。

余于初八日至河口。本拟由铅山入闽，进捣崇安，已拜疏矣。光泽之贼窜扰江西，连陷泸溪、金溪、安仁三县，即在安仁屯踞。十四日派张凯章往剿。十五日余亦回驻弋阳。待安仁破灭后，余乃由泸溪云际关入闽也。

尔七古诗，气清而词亦稳，余阅之忻慰。凡作诗，最宜讲究声调。余所选抄五古九家、七古六家，声调皆极铿锵，耐人百读不厌。余所未抄者，如左太冲、江文通、陈子昂、柳子厚之五古，鲍明远、高达夫、王摩诘、陆放翁之七古，声调亦清越异常。尔欲作五古七古，须熟读五古七古各数十篇。先之以高声朗诵，以昌其气；继之以密咏恬吟，以玩其味。二者并进，使古人之声调，拂拂然若与我之喉舌相习，则下笔为诗时，必有句调凑赴腕下。诗成自读之，亦自觉朗朗可诵，引出一种兴会来。古人云“新诗改罢自长吟”，又云“煅诗未就且长吟”，可见古人惨淡经营之时，亦纯在声调上下功夫。盖有字句之诗，人籁也；无字句之诗，天籁也。解此者，能使天籁人籁凑泊而成，则于诗之道思过半矣。

尔好写字，是一好习气。近日墨色不甚光润，较去年春夏已稍退矣。以后作字，须讲究墨色。古来书家，无不善使墨者，能令一种神光活色浮于纸上，固由临池之勤、染翰之多所致，亦缘于墨之新旧浓淡，用墨之轻重疾徐，皆有精意运乎其间，故能使光气常新也。

余生平有三耻：学问各途，皆略涉其涯涘，独天文算学，毫无所知，虽恒星五纬亦不识认，一耻也；每作一事，治一业，辄有始无终，二耻也；少时作字，不能临摹一家之体，遂致屡变而无所成，迟钝而不适于用，近岁在军，因作字太钝，废阁殊多，三耻也。尔若为克家之子，当思雪此三耻。推步算学，纵难通晓，恒星五纬，观认尚易。家中言天文之书，有《十七史》中各天文志，及《五礼通考》中所辑观象授时一种。每夜认明恒星二三座，不过数月可毕识矣。凡做一事，无论大小难易，皆宜有始有终。作字时，先求圆匀，次求敏捷。若一日能作楷书一万，少或七八千，愈多愈熟，则手腕毫不费力。将来以之为学，则手钞群书，以之从政，则案无留牍，无穷受用，皆自写字之匀而且捷生出。三者皆足弥吾之缺憾矣。

今年初次下场，或中或不中，无甚关系，榜后即当看《诗经》注疏。以后穷经读史，二者迭进。

国朝大儒，如顾、阎、江、戴、段、王数先生之书，亦不可不熟读而深思之。光阴难得，一刻千金。以后写安禀来营，不妨将胸中所见，简编所得，驰骋议论，俾余得以考察尔之进步，不宜太寥寥。此谕。书于弋阳军中。

字谕纪泽儿·君子之道莫大乎与人为善

（咸丰八年十月二十五日）

字谕纪泽儿：

十月十一日接尔安禀，内附隶字一册。二十四日接澄叔信，内附尔临《元教碑》一册。王五及各长夫来，具述家中琐事甚详。

尔信内言读《诗经》注疏之法，比之前一信已有长进。凡汉人传注、唐人之疏，其恶处在确守故训，失之穿凿，其好处在确守故训，不参私见。释谓为勤，尚不数见，释言为我，处处皆然，盖亦十口相传之诂，而不复顾文气之不安。如《伐木》为文王与友人入山，《鸳鸯》为明王交于万物，与尔所疑《螽斯》章解，同一穿凿。朱子《集传》，一扫旧障，专在涵泳神味，虚而与之委蛇，然如“郑风”诸什，注疏，以为皆刺忽者固非，朱子以为皆淫奔者，亦未必是。尔治经之时，无论看注疏，看宋传，总宜虚心求之。其惬意者，则以朱笔识出；其怀疑者，则以另册写一小条，或多为辩论，或仅着数字，将来疑者渐晰，又记于此条之下，久久渐成卷帙，则自然日进。高邮王怀祖先生父子，经学为本朝之冠，皆自札记得来。吾虽不及怀祖先生，而望尔为伯申氏，甚切也。

尔问时艺可否暂置，抑或它有所学？余惟文章之可以道古，可以适今者，莫如作赋。汉魏六朝之赋，名篇巨制，具载于《文选》，余尝以《西征》、《芜城》及《恨》、《别》等赋示尔矣。其小品赋，则有《古赋识小录》。律赋，则有本朝之吴谷人、顾耕石、陈秋舫诸家。尔若学赋，可于每三、八日作一篇大赋，或数千字，小赋或仅数十字，或对或不对，均无不可。此事比之八股文略有意趣，不知尔性与之相近否？尔所临隶书《孔庙碑》，笔太拘束，不甚松活，想系执笔太近毫之故，以后须执于管顶。余以执笔太低，终身吃亏，故教尔趁早改之。《元教碑》墨气甚好，可喜可喜。郭二姻叔嫌左肩太俯，右肩太耸，吴子序年伯欲带归示其子弟。尔字姿于草书尤相宜，以后专习真草二种，篆隶置之可也。四体并习，恐将来不能一工。

余癣疾近日大愈，目光平平如故。营中各勇夫病者，十分已好六七，惟尚未复元，不能拔营进剿，良深焦灼。闻甲五目疾十愈八九，忻慰之至。尔为下辈之长，须常常存个乐育诸弟之念。君子之道，莫大乎与人为善，况兄弟乎？临三、昆八，系亲表兄弟，尔须与之互相劝勉。尔有所知者，常常与之讲论，则彼此并进矣。此谕。

致诸弟·和气致祥乖所致戾果有明征

（咸丰八年十一月十二日）

澄侯、沅甫、季洪老弟左右：

二十五日闻三河挫败之信，专安七、玉四送信回家。三十日，就县局回勇之便又寄一信。初五日，又专吉字营勇送九弟湖口所发之信。其时尚幸温弟当无恙也。兹又阅八日，而竟无确信，吾温弟其果殉节矣。呜呼恸哉！

温弟少时性情高傲，未就温和，故吾以温甫字之。六年，在瑞州相见，则喜其性格之大变，相亲相友，欢欣和畅。去年在家，因小事而生嫌衅，实吾度量不闳，辞气不平，有以致之，实有愧于为长兄之道。千愧万悔，夫复何言！自去冬今春以来，吾喜温弟之言论风旨洞达时势，综括机要。出门以后，至兰溪相见，相亲相友，和畅如在江西瑞州之时。八九月后，屡次来信，亦皆和平稳惬，无躁无矜。方意渠与迪庵相处，所依得人，必得名位俱进，不料遭祸如是之惨！迪庵 军，所向无前，立于不败之地。不特余以为然，即数省官绅军民，人人皆以为然。此次大变，迪庵与温弟皆不得收葬遗骨，伤心曷极！

现在官制军、骆中丞皆奏请余军驰赴江北，计十五六及月杪可先后奉旨。如命余赴皖楚之交，余留萧浚川一军防剿江闽，自率张、吴、朱、唐及吉字中营赴皖，必求攻破三河贼垒，收寻温弟遗骸，然后有以对吾亲于地下。若谕旨令余留办闽贼，则三河地方不知何年方有兵去，尤为痛悼。

九弟久无信来，想竟回家矣。想过蕲、黄等处，闻温弟确耗，不审如何哀痛！何无一字寄我？自九江至长沙，水路二千余里，溜急而风亦难顺，不知途次如何愁闷！如能迅速到家，亦是快慰之一端。

去年我兄弟意见不和，今遭温弟之大变。和气致祥，乖气致戾，果有明征。嗣后我兄弟当以去年为戒，力求和睦。第一要安慰叔父暨六弟妇嫡、庶二人之心。命纪泽、纪梁、纪鸿、纪渠、纪瑞等轮流到老屋久住，五十、大妹、二妹等亦轮流常去。并请亦山先生常住白玉堂，安慰渠姊之心。二要改葬二亲之坟。如温弟之变果与二坟相关，则改葬可以禳凶而迪吉；若温弟事不与二坟相关，亦宜改葬，以符温弟生平之议论，以慰渠九泉之孝思。三要勤俭。吾家后辈子女皆趋于逸欲奢华，享福太早，将来恐难到老。嗣后诸男在家勤洒扫，出门莫坐轿；诸女学洗衣，学煮菜烧茶。少劳而老逸犹可，少甘而老苦则难矣。至于家中用度，断不可不分。凡吃药、染布及在省在县托买货物，若不分开，则彼此以多为贵，以奢为尚，漫无节制。此败家之气象也。千万求澄弟分别用度，力求节省。吾断不于分开后私寄银钱，凡寄一钱，皆由澄弟手经过耳。

温弟殉难事，吾当另奏一折。九弟在湖北若得悉温弟初十日详细情形，望飞速告我，以便入奏。希庵有详信来。吾即先奏亦可。纪寿侄目清眉耸，忠义之后，当有出息，全家皆宜另目看之。至嘱至嘱。

致四弟·必须加意保养

（咸丰九年五月初六日）

澄侯四弟左右：

初四早发家信，是夕接弟三十三夜之信。今年以来，贤弟实太劳苦，较之我在军营，其劳殆①过十倍，万望加意保养也。祁阳之贼或可不窜湘乡，万一窜入，亦系数万家各有定数，余已不复悬系。

余自去年六月再出，无不批之禀，无不复之信，往年之嫌隙忧悔，业已消去十分之七八。惟办理军务，仍不能十分尽职，盖精神不足也。贤弟闻我在外近日尚有些什么错处，不妨写信告我。

内人问纪泽招赘之事，予复信请弟作主，或五月招赘，或八月成婚皆可，余无成见耳。科三、九读书之进否，家信须提及。即候近佳。

兄国藩手具

【注释】

① 殆：恐怕。

字谕纪泽儿·心常用则活不用则窒

（咸丰十年二月二十四日）

字谕纪泽儿：

二十日接二月二日来禀并祭文稿，文尚条畅，惟意义太少。

叔祖之德全未称道，亦非体制，词藻亦太寒俭。尔现看《文选》，宜略抄典故藻汇，分类抄记，以为馈贫之粮。《文选》前数本系汉人之赋，极难领会，后半则易看矣。余所见友朋中，无能知汉赋之意味者。尔不能记忆，亦由于不知其意味。此刻不必求记，将来若能识得意味，自可渐记一二。余向来记性极坏，近老年反略好些，由于识得意味也。时文亦不必苦心孤旨［诣］去作，但常常作文。心常用则活，不用则窒；常用则细，不用则粗。

江忠烈之太夫人，余将寄银一百、幛一悬，写兄弟四人名，家中不必另致情。江太夫人大事，岷樵曾赙银二百，余收一百。先大夫大事，达川曾赙银五十，余收二十也。

余前允尔来营省觐，兹因陈作梅来吾乡看地，须尔在家中陪款，恐作梅先生未到湘时，沅叔业已先出，尔须等候作梅先生，在家住二十余日，再送陈至省展谒贺岳母，小住即仍归去。闻儿妇或有梦熊之喜。尔于下半年再请来营省觐可也。此嘱。

涤生手示

致九弟四弟·早起乃健身之妙方

（咸丰十年三月二十四日）

澄侯、沅甫两弟左右：

二十二日接初七日所发家信，内澄弟一件、沅弟一件、纪泽一件！知叔父大人已于三月二日安厝马公塘，两弟于家中两代各位老人养病送死之事，备极诚敬，将来必食报于子孙。闻马公塘山势平衍，可决其无水蚁凶灾，尤以为慰。

澄弟服补剂而大愈，甚幸甚幸！丽参、鹿茸，虽享福稍早，而体气本弱，亦属无可如何。吾生平颇讲求惜福二字之义，近来亦补药不断，且菜蔬亦比往年较奢[①]，自愧享用太过，然亦体气太弱，不得不尔。胡润帅、李希庵常服辽参，则其享受更有过于余者。澄弟平日太劳伤精，唢呐伤气，多酒伤脾。以后戒此三事，而常服补药，自可日就痊可。丽参、鹿茸服毕后，余可再寄，不可间断，亦不可过多，每早服二钱可也。家中后辈子弟个个体弱，唢呐、吃酒二事，须早早戒之，不可开此风气。学射最足保养，起早尤千金妙方、长寿金丹也。

纪泽今年耽搁太多，此次宜静坐两个月。《汉魏六朝百三名家》，京中带回一部，江西带回一部，可付一部来营。纪鸿《通鉴》讲至何处？并问。即候日好。

兄国藩手草

再，抚州绅士刻余所书《拟岘台记》，共刷来八份，兹寄五份回家。澄弟一份，沅弟一份，纪泽一份，外二份送家中各位先生。暂不能遍送也。

【注释】

① 奢：过分，过度。

致四弟·用药须小心谨慎

（咸丰十年十二月二十四日）

澄侯四弟左右：

十六日接弟十一月二十三日手书，并纪泽二十五日禀，具悉弟病日就痊愈，至慰至幸。惟弟服药过多，又坚嘱泽儿请医守治，余颇不以为然。

吾祖星冈公在时，不信医药，不信僧巫，不信地仙[1]。此三者，弟必能一一记忆。今我辈兄弟亦宜略法此意，以绍家风。今年白玉堂做道场一次，大夫第做道场二次，此外祷祀之事，闻亦常有，是不信僧巫一节，已失家风矣。买地至数千金之多，是不信地仙一节，又与家风相背。至医药，则合家大小老幼，几于无人不药，无药不贵。迨至补药吃出毛病，则又服凉药以攻伐之；阳药吃出毛病，则又服阴药以清润之，辗转差误，不至大病大弱不止。弟今年春间多服补剂，夏末多服凉剂，冬间又多服清润之剂。余意欲劝弟少停药物，专用饮食调养。泽儿虽体弱，而保养之法，亦惟在慎饮食节嗜欲，断不在多服药也。洪家地契，洪秋浦未到场押字，将来恐仍有口舌。地仙、僧巫二者，弟向来不甚深信，近日亦不免为习俗所移，以后尚祈卓识坚定，略存祖父家风为要。天下信地、信僧之人，曾见有一家不败者乎？北果公屋，余无银可捐；己亥冬，余登山踏勘，觉其渺茫也。

【注释】

① 地仙：风水先生。

致四弟·不宜非议讥笑他人

（咸丰十一年二月初四日）

澄侯四弟左右：

二月初一日唐长山等来，接正月十四日弟发之信，在近日可谓极快者。

弟言家中子弟无不谦者，此却未然。余观弟近日心中即甚骄傲。凡畏人不敢妄议论者，谦谨者也；凡好讥评人短者，骄傲者也。弟于营中之人，如季高、次青、作梅、树堂诸君子，弟皆有信来讥评其短，且有讥至两次三次者。营中与弟生疏之人，尚且讥评，则乡间之与弟熟识者，更鄙睨嘲斥可知矣。弟尚如此，则诸子侄之藐视一切，信口雌黄可知矣。

谚云："富家子弟多骄，贵家子弟多傲。"非必锦衣玉食，动手打人，而后谓之骄傲也；但使志得意满，毫无畏忌，开口议人短长，即是极骄极傲耳。余正月初四信中言戒骄字，以不轻非笑人①为第一义；戒惰字，以不晏起为第一义，望弟常常猛省，并戒子侄也。

此间鲍军于正月二十六大获胜仗，去年建德大股全行退出，风波三月，至此悉平矣。余身体平安，无劳系念。

【注释】

① 不轻非笑人：指不轻易非议讥笑别人。

字谕纪泽、纪鸿儿·惟读书可变化气质

（同治元年四月二十四日）

字谕纪泽、纪鸿儿：

今日专人送家信，甫经成行，又接王辉四等带来四月初十之信，尔与澄叔各一件，借悉一切。

尔近来写字，总失之薄弱，骨力不坚劲，墨气不丰腴，与尔身体向来轻字之弊正是一路毛病。尔当用油纸摹颜字之《郭家庙》、柳字之《琅琊碑》《元［玄］秘塔》，以药其病。日日留心，专从厚重二字上用功。否则字质太薄，即体质亦因之更轻矣。人之气质，由于天生，本难改变，惟读书则可变化气质。古之精相法者，并言读书可以变换骨相。欲求变之之法，总须先立坚卓之志。即以余生平言之，三十岁前最好吃烟，片刻不离，至道光壬寅十一月二十一日立志戒烟，至今不再吃。四十六岁以前作事无恒，近五年深以为戒，现在大小事均尚有恒。即此二端，可见无事不可变也。尔于厚重二字，须立志变改。古称金丹换骨，余谓立志即丹也。满叔四信偶忘送，故特由阳补发。此嘱。

涤生示

致九弟季弟·做人须清廉慎谦勤劳

（同治元年五月十五日）

沅、季弟左右：

帐棚即日赶办，大约五月可解六营，六月再解六营，使新勇略得却暑也。抬小枪之药与大炮之药，此间并无分别，亦未制造两种药。以后定每月解药三万斤至弟处，当不致更有缺乏。王可陞十四日回省，其老营十六可到，到即派往芜湖，免致南岸中段空虚。

雪琴与沅弟嫌隙已深，难遽期[①]其水乳。沅弟所批雪信稿，有是处，亦有未当处。弟谓雪声色俱厉。凡目能见千里，而不能自见其睫，声音笑貌之拒人，每苦于不自见，苦于不自知。雪之厉，雪不自知；沅之声色，恐亦未始不厉，特不自知耳。曾记咸丰七年冬，余咎骆文、文、耆待我之薄，温甫则曰："兄之面色，每予人以难堪。"

又记十一年春，树堂深咎张伴山简傲不敬，余则谓树堂面色亦拒人于千里之外。观此二者，则沅弟面色之厉，得毋似余与树堂之不自觉乎？

余家目下鼎盛之际，余忝窃将相，沅所统近二万人，季所统四五千人，近世似此者曾有几家？沅弟半年以来，七拜君恩，近世似弟者曾有几人？日中则昃，月盈则亏，吾家亦盈时矣。管子云："斗斛满则人概[②]之，人满则天概之。"余谓天之概无形，仍假手于人以概之。霍氏[③]盈满，魏相概之，宣帝概之；诸葛恪盈满，孙峻概之，吴主[④]概之。待他人之来概而后悔之，则已晚矣。吾家方丰盈之际，不待天之来概、人之来概，吾与诸弟当设法先自概之。

自概之道云何？亦不外清、慎、勤三字而已。吾近将清字改为廉字，慎字改为谦字，勤字改为劳字，尤为明浅，确有可下手之处。沅弟昔年于银钱取与之际不甚斟酌，朋辈之讥议菲薄，其根实在于此。去冬之买犁头嘴、栗子山，余亦大不谓然。以后宜不妄取分毫，不寄银回家，不多赠亲族，此廉字工夫也。谦之存诸中者不可知，其着于外者，约有四端：曰面色，曰言语，曰书函，曰仆从属员。沅弟一次添招六千人，季弟并未禀明，径招三千人，此在他统领所断做不到者，在弟尚能集事，亦算顺手。而弟等每次来信，索取帐棚子药等件，常多讥讽之词，不平之语。在兄处书函如此，则与别处书函更可知已。沅弟之仆从随员颇有气焰，面色言语，与人酬接时，吾未及见，而申夫[⑤]曾述及往年对渠之词气，至今饮憾。以后宜于此四端痛加克治，此谦字工夫也。每日临睡之时，默数本日劳心者几件，劳力者几件，则知宣勤王事之处无多，更竭诚以图之，此劳字工夫也。

余以名位太隆，常恐祖宗留诒之福自我一人享尽，故将劳、谦、廉三字时时自惕，亦愿两贤弟之用以自惕，且即以自概耳。

湖州于初三日失守，可悯可敬。

【注释】

① 遽期：短期、很快。

② 概：引申为刮平、削平之意。

③ 霍氏：汉代大将军霍光一族。

④ 吴主：三国时吴国君主孙亮。

⑤ 申夫：曾国藩的幕僚。

致九弟季弟·必须自立自强

（同治元年五月二十八日）

沅、季弟左右：

沅于人概、天概之说不甚厝意，而言及势利之天下，强凌弱之天下，此岂自今日始哉？盖从古以然矣。

从古帝王将相，无人不由自立自强做出。即为圣贤者，亦各有自立自强之道，故能独立不惧，确乎不拔。昔余往年在京，好与诸有大名大位者为仇，亦未始无挺然特立不畏强御之意。

近来见得天地之道，刚柔互用，不可偏废，太柔则靡[①]，太刚则折。刚非暴虐之谓也，强矫而已；柔非卑弱之谓也，谦退而已。趋事赴公，则当强矫，争名逐利，则当谦退；开创家业，则当强矫，守成安乐，则当谦退；出与人物应接，则当强矫，入与妻孥享受，则当谦退。若一面建功立业，外享大名，一面求田问舍，内图厚实，二者皆有盈满之象，全无谦退之意，则断不能久。此余所深信，而弟宜默默体验者也。

【注释】

① 靡：颓废。

致九弟·望勿各逞己见

（同治元年六月二十日）

沅弟左右：

此次洋枪合用，前次解去之百支，果合用否？如有不合之处，一一指出。盖前次亦花大价钱买来，若过于吃亏，不能不一一与之申说也。

吾因近日办事，名望关系不浅，以鄂中疑季之言相告，弟则谓我不应述及，外间指摘吾家昆弟过恶，吾有所闻，自当一一告弟，明责婉劝，有则改之，无则加勉，岂可秘而不宣？

鄂之于季，自系有意与之为难。名望所在，是非于是乎出，赏罚于是乎分，即饷之有无亦于是乎判。去冬金眉生被数人参劾，后至抄没其家，妻孥[①]中夜露立，岂果有万分罪恶哉？亦因名望所在，赏罚随之也。

众口悠悠，初不知其所自起，亦不知其所由止。有才者忿疑谤之无因，而悍然不顾，则谤且日腾；有德者畏疑谤之无因，而抑然自修，则谤亦日熄。吾愿弟等之抑然，不愿弟等之悍然。愿弟等敬听吾言，手足式好，同御外侮，不愿弟等各逞己见，于门内计较雌雄，反忘外患。

至阿兄忝窃高位，又窃虚名，时时有颠坠之虞。吾通阅古今人物，似此名位权势，能保全善终者极少。深恐吾全盛之时，不克庇荫弟等，吾颠坠之际，或致连累弟等，惟于无事时，常以危词苦语，互相劝诫，庶几免于大戾。

酷热不能治事，深以为苦。

【注释】

① 孥：儿女。

致九弟季弟·治身宜不服药

（同治元年七月二十日）

沅、季弟左右：

季弟病似疟疾，近已痊愈否？吾不以季病之易发为虑，而以季好轻下药为虑。吾在外日久，阅事日多，每劝人以不服药为上策。吴彤云近病极重，水米不进，已十四日矣，十六夜四更，已将后事料理，手函托我。余一概应允，而始终劝其不服药。自初十日起，至今不服药十一天，昨日竟大有转机，疟疾减去十之四，呃逆各症，减去十之七八，大约保无它变。希庵五月之季病势极重，余缄告之云："治心以广大二字为药，治身以不药二字为药。"并言作梅医道不可恃。希乃断药月余，近日病已痊愈，咳嗽亦止。是二人者，皆不服药之明效大验。季弟信药太过，自信亦太深，故余所虑不在于病，而在于服药。兹谆谆以不服药为戒，望季曲从之，沅力劝之，至要至嘱。

季弟信中所商六条，皆可允行，回家之期，不如待金陵克后乃去，庶几一劳永逸。如营中难耐久劳，或来安庆闲散十日八日，待火轮船之便，复还金陵本营，亦无不可。若能耐劳耐烦，则在营久熬更好，与弟之名曰贞，号曰恒者，尤相符合。其余各条皆办得到，弟可放心。

上海四万尚未到，到时当全解沅处。东征局于七月三万之外，又有专解金陵五万，到时亦当全解沅处。东局保案，自可照准，弟保案亦日内赶办。雪琴今日来省，筱泉亦到。

致九弟季弟·劝弟须静养身体

（同治元年闰八月初四日）

沅、季弟左右：

沅、霆两军病疫，迄未稍愈，宁国各属军民死亡相继，道殣相望[①]。河中积尸生虫，往往缘船而上，河水及井水皆不可食。其有力者，用舟载水于数百里之外。臭秽之气中人，十病八九。诚宇宙之大劫，军行之奇苦也。

洪容海投诚后，其党黄、朱等目复叛，广德州既得复失，金柱关常有贼窥伺，近闻增至三四万人，深可危虑。余心所悬念者，惟此二处。

余体气平安，惟不能多说话，稍多则气竭神乏，公事积搁，恐不免于贻误。弟体亦不甚旺，总宜好好静养。莫买田产，莫管公事。吾所嘱者，二语而已。盛时常作衰时想，上场当念下场时，富贵人家，不可不牢记此二语也。

【注释】

① 道殣相望：指道路上饿死的人很多。殣，饿死。

致四弟·与官相见以谦谨为主

（同治元年九月初四日）

澄弟左右：

沅弟金陵一军危险异常，伪忠王率悍贼十余万，昼夜猛扑，洋枪极多，又有西洋之落地开花炮，幸沅弟小心坚守，应可保全无虞。鲍春霆至芜湖养病，宋国永代统宁国一军，分六营出剿，小挫一次。春霆力疾回营，凯章全军亦赶至宁国守城，虽病者极多，而鲍、张合力，此路或可保全。又闻贼于东坝抬船至宁郡诸湖之内，将图冲出大江，不知杨、彭能知之否？若水师安稳，则全局不至决裂耳。

来信言余于沅弟，既爱其才，宜略其小节，甚是甚是。沅弟之才，不特吾族所少，即当世亦实不多见。然为兄者，总宜奖其所长，而兼规其短，若明知其错，而一概不说，则非特沅一人之错，而一家之错也。

吾家于本县父母官，不必力赞其贤，不可力诋其非。与之相处，宜在若远若近、不亲不疏之间。渠有庆吊[①]，吾家必到；渠有公事，须绅士助力者，吾家不出头，亦不躲避。渠于前后任之交代，上司衙门之请托，则吾家丝毫不可与闻。弟既如此，并告子侄辈常常如此。子侄若与官相见，总以谦谨二字为主。

【注释】

① 庆吊：指喜事或者丧事。

致九弟·去忿欲以养体存倔强以励志

（同治二年正月二十日）

沅弟左右：

十九日接弟十四日缄，交林哨官带回者，具悉一切。

肝气发时，不惟不和平，并不恐惧，确有此境。不特弟之盛年为然，即余渐衰老，亦常有勃不可遏之候。但强自禁制，降伏此心，释氏所谓降龙伏虎。龙即相火也，虎即肝气也。多少英雄豪杰打此两关不过，亦不仅余与弟为然。要在稍稍遏抑，不令过炽。降龙以养水，伏虎以养火。古圣所谓窒欲，即降龙也；所谓惩忿，即伏虎也。儒释之道不同，而其节制血气，未尝不同，总不使吾之嗜欲戕害吾之躯命而已。

至于倔强二字，却不可少。功业文章，皆须有此二字贯注其中，否则柔靡不能成一事。孟子所谓至刚，孔子所谓贞固，皆从倔强二字做出。吾兄弟皆禀母德居多，其好处亦正在倔强。若能去忿欲以养体，存倔强以励志，则日进无疆矣。

新编五营，想已成军。郴桂勇究竟何如？殊深悬系。吾牙疼渐愈，可以告慰。刘馨室一信抄阅，顺问近好。

兄国藩手草

致九弟·述治事宜勤军

（同治二年三月二十四日）

沅弟左右：

二十三日张成旺归，接十八日来缄，旋又接十九日专人一缄，具悉一切。

弟读邵子[1]诗，领得恬淡冲融之趣，此自襟怀长进处。自古圣贤豪杰，文人才士，其志事不同，而其豁达光明之胸大略相同。以诗言之，必先有豁达光明之识，而后有恬淡冲融之趣。如李白、韩退之、杜牧之则豁达处多，陶渊明、孟浩然、白香山则冲淡处多。杜、苏二公无美不备，而杜之五律最冲淡，苏之七古最豁达。邵尧夫虽非诗之正宗，而豁达、冲淡二者兼全。吾好读《庄子》，以其豁达足益人胸襟也。去年所讲生而美者，若知之，若不知之，若闻之，若不闻之一段，最为豁达。推之即舜禹之有天下而不与，亦同此襟怀也。

吾辈现办军务，系处功利场中，宜刻刻勤劳，如农之力穑[2]，如贾之趣利，如篙工之上滩，早作夜思，以求有济。而治事之外，此中却须有一段豁达冲融气象，二者并进，则勤劳而以恬淡出之，最有意味。余所以令刻“劳谦君子”印章与弟者，此也。

无为之贼十九日围扑庐江后，未得信息。捻匪于十八日陷宿松后，闻二十一日至青草塥。庐江吴长庆、桐城周厚斋均无信来，想正在危急之际。成武臣亦无信来。春霆二十一日尚在泥汊，顷批令速援庐江。祁门亦无信来，不知若何危险。少荃已克复太仓州，若再克昆山，则苏州可图矣。吾但能保沿江最要之城隘，则大局必日振也。顺问近好。

国藩手草

【注释】

① 邵子：即宋代哲学家邵雍。

② 穑：收割庄稼。

治学篇

禀父母·闻九弟习字长进

（道光二十二年二月二十四日）

男国藩跪禀父母亲大人万福金安：

正月十七日，发第二号家信，不知已收到否？男身体平安，男妇亦如常。

九弟之病，自正月十六日后，日见强旺，二月一日开荤，现已全复元矣，二月以来，日日习字，甚有长进。男亦常习小楷，以为明年考差之具，近来改临智永《千字文》帖，不复临颜、柳二家帖，以不合时宜故也。孙男身体甚好，每日佻达[1]欢呼，曾无歇息。孙女亦好。

浙江之事，闻于正月底交战，仍尔不胜。去岁所失宁波府城、定海镇海二县城尚未收复。英夷滋扰以来，皆汉奸助之为虐。此辈食毛践土，丧尽天良，不知何日罪恶贯盈，始得聚而歼灭！湖北崇阳县逆贼钟人杰为乱，攻占崇阳、通城二县。裕制军即日扑灭，将钟人杰及逆党槛送京师正法，余孽俱已搜尽。钟逆倡乱不及一月，党羽姻属，皆伏天诛。黄河去年决口，昨已合龙，大功告成矣。

九弟前病中思归，近因难觅好伴，且闻道上有虞，是以不复作归计。弟自病好后，亦安心不甚思家。李碧峰在寓住三月，现已找得馆地，在唐同年（李杜）家教书，每月俸金二两，月费一千。男于二月初配丸药一料，重三斤，约计费钱六千文。

男等在京谨慎，望父母亲大人放心。

男谨禀

【注释】

① 佻达：佻皮，戏闹。

禀父母·教弟写字养神

（道光二十二年三月十一日）

男国藩跪禀父母亲大人万福金安：

二月二十三日，发家信第三号，不知已收到否？正月所寄鹿脯，想已到。三月初奉大人正月十二日手谕，具悉一切，又知附有布匹、腊肉等在黄茀卿处，第不知黄氏兄弟何日进京，又不知家中系专人送至省城，抑托人顺带也。

男在京身体如常，男妇亦清吉。九弟体已复元，前二月间，因其初愈，每日只令写字养神，三月以来，仍理旧业，依去年功课。未服补剂，男分丸药六两与他吃，因年少不敢峻补[①]。孙男女皆好，拟于三月间点牛痘。此间牛痘局系广东京官请名医设局积德，不索一钱，万无一失。

男近来每日习帖，不多看书。同年邀为试帖诗课，十日内作诗五首，用白折写好公评，以为明年考差之具。又吴子序同年有两弟在男处附课看文，又金台书院每月月课，男亦代人作文，因久荒制艺，不得不略为温习。

此刻光景已窘，幸每月可收公项房钱十五千，外些微挪借，即可过度，京城银钱比外间究为活动。

家中去年彻底澄清，余债无多，此真可喜。蕙妹仅存钱四百千，以二百在新窑食租，不知住何人屋？负薪汲水，又靠何人？率五素来文弱，何能习劳？后有家信，望将蕙妹家事琐细详书。余容后禀。

男谨呈

【注释】

① 峻补：猛补，大补。

禀父母·劝两弟学业宜精

（道光二十二年七月初四日）

男国藩跪禀父母亲大人万福金安：

六月二十八日接到家书，系三月二十四日所发，知十九日四弟得生子，男等合室相庆。四妹生产虽难，然血晕亦是常事，且此次既能保全，则下次较为容易。男未得信时，常以为虑，既得此信，如释重负。

六月底，我县有人来京捐官（王道隆）。渠在宁乡界住，言四月县考时，渠在城内并在彭兴歧（云门寺）、丁信风两处面晤四弟、六弟，知案首是吴定五。男十三年在陈氏宗祠读书，定五才发蒙作起讲，在杨畏斋处受业。去年闻吴春冈说定五甚为发奋，今果得志，可谓成就甚速。其余前十名及每场题目，渠已忘记，后有信来，乞四弟写出。

四弟、六弟考运不好，不必挂怀。俗语云："不怕进得迟，只要中得快。"从前邵丹畦前辈（甲名），四十三岁入学，五十二岁作学政。现任广西藩台。汪郎渠（鸣相）于道光十二年入学，十三年点状元。阮芸台（元）前辈于乾隆五十三年县府试皆未取头场，即于其年入学中举，五十四年点翰林，五十五年留馆，五十六年大考第一，比放浙江学政，五十九年升浙江巡抚。些小得失不足患，特患业之不精耳。两弟场中文若得意[1]，可将原卷领出寄京；若不得意，不寄可也。

男等在京平安，纪泽兄妹二人体甚结实，皮色亦黑。

逆夷在江苏滋扰，于六月十一日攻陷镇江，有大船数十只在大江游弋，江宁、扬州二府颇可危虑。然而天不降灾，圣人在上，故京师人心镇定。

同乡王翰城（继贤，黔阳人，中书科中书）告假出京，男与陈岱云亦拟送家眷南旋，与郑莘田、王翰城四家同队出京（郑名世任给事中，现放贵州贵西道）。男与陈家本于六月底定计，后于七月初一请人扶乩（另纸录出大仙示语），似可不必轻举妄动，是以中止。现在男与陈家仍不送家眷回南也。

同县谢果堂先生（兴峣）来京，为其次子捐盐大使。男已请至寓陪席。其世兄王道嶐尚未请，拟得便亦须请一次。

正月间俞岱青先生出京，男寄有鹿脯一方，托找彭山屺转寄，俞后托谢吉人转寄，不知到否？又四月托李昺冈（荣灿）寄银寄笔，托曹西垣寄参，并交陈季收［牧］处，不知到否？

前父亲教男养鬒［须］之法，男仅留上唇鬒［须］，不能用水浸透，色黄者多，黑者少，下唇拟待三十六岁始留。男每接家信，嫌其不详，嗣后更愿详示。

男谨禀

【注释】

① 得意：满意。此处指考试成绩尽如人意的意思。

致诸弟·述求学之方法

（道光二十二年九月十八日）

四位老弟足下：

九弟行程，计此时可以到家。自任邱发信之后，至今未接到第二封信，不胜悬悬，不知道上不甚艰险否？四弟、六弟院试，计此时应有信，而折差久不见来，实深悬望。

予身体较九弟在京时一样，总以耳鸣为苦。问之吴竹如，云只有静养一法，非药物所能为力。而应酬日繁，予又素性浮躁，何能着实养静？拟搬进内城住，可省一半无谓之往还，现在尚未找得。予时时自悔，终未能洗涤自新。

九弟归去之后，予定刚日读经、柔日读史之法。读经常懒散不沉着。读《后汉书》，现已丹笔点过八本，虽全不记忆，而较之去年读《前汉书》，领会较深。九月十一日起，同课人议每课一文一诗，即于本日申刻用白折写。予文、诗极为同课人所赞赏，然予于八股绝无实学，虽感诸君奖借之殷，实则自愧愈深也。待下次折差来，可付课文数篇回家。予居家懒做考差工夫，即借此课以磨厉考具，或亦不至临场窘迫耳。

吴竹如近日往来极密，来则作竟日之谈，所言皆身心国家[①]大道理。渠言有窦兰泉者（垿，云南人），见道极精当平实。窦亦深知予者，彼此现尚未拜往。竹如必要予搬进城住，盖城内镜海先生可以师事，倭艮峰先生、窦兰泉可以友事。师友夹持，虽懦夫亦有立志。予思朱子言，“为学譬如熬肉，先须猛火煮，然后用慢火温”，予生平工夫，“全未用猛火煮过，虽略有见识，乃是从悟境得来，偶用功，亦不过优游玩索[②]已耳，如未沸之汤，遽用慢火温之，将愈煮愈不熟矣。以是急思搬进城内，屏除一切，从事于克己之学。镜海、艮峰两先生亦劝我急搬。而城外朋友，予亦有思常见者数人，如邵蕙西、吴子序、何子贞、陈岱云是也。

蕙西尝言，“与周公瑾交，如饮醇醪[③]”，我两人颇有此风味，故每见辄长谈不舍。子序之为人，予至今不能定其品，然识见最大且精，尝教我云：“用功譬若掘井，与其多掘数井而皆不及泉，何若老守一井，力求及泉而用之不竭乎？”此语正与予病相合，盖予所谓“掘井多而皆不及泉”者也。

何子贞与予讲字极相合，谓我真知大源，断不可暴弃。予尝谓天下万事万理皆出于乾坤二卦，即以作字论之：纯以神行，大气鼓荡，脉络周通，潜心内转，此乾道也；结构精巧，向背有法，修短合度，此坤道也。凡乾以神气言，凡坤以形质言，礼乐不可斯须[④]去身，即此道也。乐本于乾，礼本于坤，作字而优游自得、真力弥满者，即乐之意也；丝丝入扣，转折合法，即礼之意也。偶与子贞言及此，子贞深以为然，谓渠生平得力，尽于此矣。陈岱云与吾处处痛痒相关，此九弟所知者也。

写至此，接得家书，知四弟、六弟未得入学，怅怅。然科名有无迟早，总由前定，丝毫不能勉强。吾辈读书，只有两事：一者进德之事，讲求乎诚正修齐[⑤]之道，以图无忝[⑥]所生；一者修业之事，操习乎记诵词章之术，以图自卫其身。进德之事难以尽言，至于修业以卫身，吾请言之：

卫身莫大于谋食。农工商，劳力以求食者也；士，劳心以求食者也。故或食禄于朝，或授于乡，或为传食之客，或为入幕之宾[⑦]，皆须计其所业，足以得食而无愧。科名[⑧]者，食禄之阶也，亦须计吾所业，将来不至尸位素餐[⑨]，而后得科名而无愧。食之得不得，穷通由天作主，予夺由人作主，业之精不精，则由我作主，然吾未见业果精而终不得食者也。农果力耕，虽有饥馑，必有丰年；

商果积货，虽有壅滞，必有通时；士果能精其业，安见其终不得科名哉？即终不得科名，又岂无他途可以求食者哉？然则特患业之不精耳。

求业之精，别无他法，曰专而已矣。谚曰“艺多不养身”，谓不专也。吾掘井多而无泉可饮，不专之咎也。诸弟总须力图专业。如九弟志在习字，亦不必尽废他业，但每日习字工夫，断不可不提起精神，随时随事，皆可触悟。四弟、六弟，吾不知其心有专嗜[10]否？若志在穷经[11]，则须专守一经；志在作制义[12]，则须专看一家文稿；志在作古文，则须专看一家文集。作各体诗亦然，作试帖亦然，万不可以兼营并骛[13]，兼营则必一无所能矣。切嘱切嘱！千万千万！

此后写信来，诸弟各有专守之业，务须写明。且须详问极言，长篇累牍，使我读其手书，即可知其志向识见。凡专一业之人，必有心得，亦必有疑义。诸弟有心得，可以告我共赏之；有疑义，可以问我共析之。且书信既详，则四千里外之兄弟，不啻[14]晤言一室，乐何如乎？

予生平于伦常中，惟兄弟一伦抱愧尤深。盖父亲以其所知者尽以教我，而我不能以吾所知者尽教诸弟，是不孝之大者也。九弟在京年余，进益无多，每一念及，无地自容。嗣后我写诸弟信，总用此格纸，弟宜存留，每年装订成册。其中好处，万不可忽略看过。诸弟写信寄我，亦须用一色格纸，以便装订。

谢果堂先生出京后，来信并诗二首。先生年已六十余。名望甚重，与予见面，辄彼此倾心，别后又拳拳不忘，想见老辈爱才之笃。兹将诗并予送诗附阅，传播里中，使共知此老为大君子也。

予有大铜尺一方，屡寻不得。九弟已带归否？频年寄黄英[芽]白菜子，家中种之，好否？在省时已买漆否？漆匠果用何人？信来并祈详示。

兄国藩手具

【注释】

① 身心国家：即有关个人和国家之事。

② 玩索：玩味索求。

③ 醇醪：醇香可口的酒。

④ 斯须：些许时间。

⑤ 诚正修齐：诚意、正心、修身、齐家。

⑥ 无忝：无辱。

⑦ 传食之客：即名士官宦所养之食客。入幕之宾：指高官显爵的幕僚宾客。

⑧ 科名：通过科举考试而获取功名。

⑨ 尸位素餐：徒居其位，不谋其事。

⑩ 专嗜：专门的嗜好。

⑪ 穷经：研习所有儒家经典著作。

⑫ 制义：为应付科举考试而作的八股文章。

⑬ 并骛：同时兼顾。

⑭ 不啻：不止，不但，不异于。

致诸弟·读书宜立志有恒

（道光二十二年十一月十七日）

诸位贤弟足下：

十月二十七日寄弟书一封，内信四页、抄倭艮峰先生日课三页、抄诗二页，已改寄萧莘五先生处，不由庄五爷公馆矣。不知已到无误否？

十一月前八日已将日课抄与弟阅，嗣后每次家信，可抄三页付回。日课本皆楷书，一笔不苟，惜抄回不能作楷书耳。冯树堂进攻最猛，余亦教之如弟，知无不言。可惜九弟不能在京与树堂日日切磋，余无日无刻不太息也。九弟在京年半，余懒散不努力。九弟去后，余乃稍能立志，盖余实负九弟矣。余尝语岱云曰："余欲尽孝道，更无他事，我能教诸弟进德业一分，则我之孝有一分；能教诸弟进十分，则我孝有十分；若全不能教弟成名，则我大不孝矣。"九弟之无所进，是我之大不孝也。惟愿诸弟发奋立志，念念有恒，以补我不孝之罪，幸甚幸甚。

岱云与易五近亦有日课册，惜其识不甚超越。余虽日日与之谈论，渠究不能悉心领会，颇疑我言太夸。然岱云近极勤奋，将来必有所成。

何子敬近待我甚好，常彼此作诗唱和。盖因其兄钦佩我诗，且谈字最相合，故子敬亦改容加礼。子贞现临隶字，每日临七八页，今年已千页矣。近又考订《汉书》之讹，每日手不释卷。盖子贞之学长于五事：一曰《仪礼》精，二曰《汉书》熟，三曰《说文》精，四曰各体诗好，五曰字好。此五事者，渠意皆欲有所传于后。以余观之，前三者余不甚精，不知浅深究竟何如。若字，则必传千古无疑矣，诗亦远出时手之上，不能卓然成家。近日京城诗家颇少，故余亦欲多做几首。

金竺虔在小珊家住，颇有面善心非之隙，唐诗甫亦与小珊有隙，余现仍与小珊来往，泯然无嫌，但心中不甚惬洽耳。

曹西垣与邹云陔十月十六日起程，现尚未到。汤海秋久与之处，其人诞言太多，十句之中仅一二句可信。今冬嫁女二次：一系杜兰溪之子，一系李石梧之子入赘。黎樾翁亦有次女招赘。其婿虽未读书，远胜于冯舅矣。李笔峰尚馆海秋处，因代考供事，得银数十，衣服焕然一新。王翰城捐知州，去大钱八千串。何子敬捐知县，去大钱七千串。皆于明年可选实缺。黄子寿处，本日去看他，工夫甚长进，古文有才华，好买书，东翻西阅，涉猎颇多，心中已有许多古董。何世兄亦甚好，沈潜之至，［虽］天分亦高，将来必有所成。吴竹如近日未出城，余亦未去，盖每见则耽搁一天也。其世兄亦极沈潜，言动中礼，现在亦学倭艮峰先生。吾观何、吴两世兄之姿质，与诸弟相等，远不及周受珊、黄子寿；而将来成就，何、吴必更切实。此其故，诸弟能看书自知之，愿诸弟勉之而已。此数人者，皆后起不凡之人才也，安得诸弟与之联镳并驾，则余之大幸也。季仙九先生到京服阕，待我甚好，有青眼相看之意。同年会课，近皆懒散，而十日一会如故。

余今年过年，尚须借银百五十金，以五十还杜家，以百金用。李石梧到京，交出长郡馆公费，即在公项借用，免出外开口更好。不然，则尚须张罗也。

门上陈升一言不合而去，故余作《傲奴》诗，现换一周升作门上，颇好。余读《易・旅卦》“丧其童仆”。《象》曰：“以旅与下，其义丧也。”解之者曰：“以旅与下者，谓视童仆如旅人，刻薄寡恩，漠然无情，则童仆亦将视主上如逆旅矣。”余待下虽不刻薄，而颇有视如逆旅之意，故人不尽忠，以后余当视之如家人手足也。分虽严明而情贵周通。贤弟待人亦宜知之。

余每闻折差到，辄望家信。不知能说［设］法多寄几次否？若寄信，则诸弟必须详写日记数天，幸甚。余写信亦不必代诸弟多立课程，盖恐多看则生厌，故但将余近日实在光景写示而已，伏惟诸弟细察。

致诸弟·勉励自立课程

（道光二十二年十二月二十日）

诸位贤弟足下：

十一月十七寄第三号信，想已收到。父亲到县纳漕，诸弟何不寄一信，交县城转寄省城也？以后凡遇有便，即须寄信，切要切要。九弟到家，遍走各亲戚家，必各有一番景况，何不详以告我？

四妹小产以后，生育颇难。然此事最大，断不可以人力勉强。劝渠家只须听其自然，不可过于矜持。又闻四妹起最晏[①]，往往其姑[②]反服事他，此反常之事，最足折福，天下未有不孝之妇而可得好处者。诸弟必须时劝导之，晓之以大义。

诸弟在家读书，不审每日如何用功？余自十月初一立志自新以来，虽懒惰如故，而每日楷书写日记，每日读史十页，每日记"茶余偶谈"一则，此三事未尝一日间断。十月二十一日立誓永戒吃水烟，洎[③]今已两月不吃烟，已习惯成自然矣。予自立课程甚多，惟记"茶余偶谈"、读史十页、写日记楷本，此三事者誓终身不间断也。诸弟每人自立课程，必须有日日不断之功，虽行船走路，俱须带在身边。予除此三事外，他课程不必能有成，而此三事者，将终身以之。

前立志作曾氏家训一部，曾与九弟详细道及。后因采择经史，若非经史烂熟胸中，则割裂零碎，毫无线索；至于采择诸子各家之言，尤为浩繁，虽钞数百卷犹不能尽收。然后知古人作《大学衍义》、《衍义补》诸书，乃胸中自有条例，自有议论，而随便引书以证明之，非翻书而遍钞之也，然后知著书之难，故暂且不作曾氏家训。若将来胸中道理愈多，议论愈贯串，仍当为之。

现在朋友愈多。讲躬行心得者，则有镜海先生、艮峰前辈、吴竹如、窦兰泉、冯树堂；穷经知道者，则有吴子序、邵慧西；讲诗、文、字而艺通于道者，则有何子贞；才气奔放，则有汤海秋，英气逼人、志大神静，则有黄子寿。又有王少鹤（名锡振，广西主事，年二十七岁，张筱浦之妹夫）、朱廉甫（名琦，广西乙未翰林）、吴莘畬（名尚志，广东人，吴抚台之世兄）、庞作人（名文寿，浙江人），此四君者，皆闻予名而先来拜，虽所造有浅深，要皆有志之士，不甘居于庸碌者也。

京师为人文渊薮[④]，不求则无之，愈求则愈出。近来闻好友甚多，予不欲先去拜别人，恐徒标榜虚声。盖求友以匡己之不逮，此大益也；标榜以盗虚名，是大损也。天下有益之事，即有足损者寓乎其中，不可不辨。

黄子寿近作《选将论》一篇，共六千余字，真奇才也。子寿戊戌年始作破题，而六年之中遂成大学问，此天分独绝，万不可学而至，诸弟不必震而惊之。予不愿诸弟学他，但愿诸弟学吴世兄、何世兄。吴竹如之世兄现亦学艮峰先生写日记，言有矩，动有法，其静气实实可爱。何子贞之世兄，每日自朝至夕总是温书，三百六十日，除作诗文时，无一刻不温书，真可谓有恒者矣。故予从前限功课教诸弟，近来写信寄弟，从不另开课程，但教诸弟有恒而已。

盖士人读书，第一要有志，第二要有识，第三要有恒。有志，则断不甘为下流；有识，则知学问无尽，不敢以一得自足，如河伯之观海，如井蛙之窥天，皆无识者也；有恒，则断无不成之事。此三者缺一不可。诸弟此时，惟有识不可以骤几[⑤]，至于有志有恒，则诸弟勉之而已。予身体甚弱，不能苦思，苦思则头晕，不耐久坐，久坐则倦乏，时时属望惟诸弟而已。

明年正月，恭逢祖大人七十大寿，京城以进十为正庆。予本拟在戏园设寿筵，窦兰泉及艮峰先生劝止之，故不复张筵。盖京城张筵唱戏，名为庆寿，实则打把戏。兰泉之劝止，正以此故。现在作寿屏两架。一架淳化笺四大幅，系何子贞撰文并书，字有茶碗口大。一架冷金笺八小幅，系吴子序撰文，予自书。淳化笺系内府用纸，纸厚如钱，光彩耀目，寻常琉璃厂无有也。昨日偶有之，因买四张。子贞字甚古雅，惜太大，万不能寄回。奈何奈何！

侄儿甲三体日胖而颇蠢，夜间小解知自报，不至于湿床褥。女儿体好，最易扶携，全不劳大人费心力。

今年冬间，贺耦庚先生寄三十金，李双圃先生寄二十金，其余尚有小进项。汤海秋又自言借百金与我用。计还清兰溪、寄云外，尚可宽裕过年。统计今年除借会馆房钱外，仅借百五十金。岱云则略多些。岱云言在京已该账九百余金，家中亦有此数，将来正不易还。寒士出身，不知何日是了也！我在京该账尚不过四百金，然苟不得差，则日见日紧矣。

书不能尽言，惟诸弟鉴察。

兄国藩手草

课　程

主敬　整齐严肃、无时不惧。无事时心在腔子里，应事时专一不杂。

静坐　每日不拘何时，静坐一会，体验静极生阳来复之仁心。正位凝命，如鼎之镇[6]。

早起　黎明即起，醒后勿沾恋。

读书不二　一书未点完断不看他书。东翻西阅，都是徇外[7]

为人。

读史　二十三史每日读十页，虽有事不间断。

写日记　须端楷。凡日间过恶：身过、心过、口过，皆记出，终身不间断。

日知其所亡[8]　每日记茶余偶谈一则，分德行门、学问门、经济门、艺术门。

月无忘所能　每月作诗文数首，以验积理之多寡、养气之盛否。

谨言　刻刻留心。

养气　无不可对人言之事。气藏丹田。

保身　谨遵大人手谕：节欲、节劳、节饮食。

作字　早饭后作字。凡笔墨应酬，当作自己功课。

夜不出门　旷功疲神，切戒切戒。

【注释】

① 晏：迟，晚。

② 姑：此处指婆母。

③ 洎：到、至。

④ 渊薮：人或事物聚集的地方。

⑤ 骤几：突然接近。

⑥ “正位”句：意为宁心静气，内心踏实安稳，如鼎镇住一般。

⑦ 徇外：顺从身外的客观环境。

⑧ 亡：无。

致诸弟·讲读经史方法

（道光二十三年正月十七日）

诸位老弟足下：

正月十五日接到四弟、六弟、九弟十二月初五日所发家信。四弟之信三页，语语平实，责我待人不恕，甚为切当。谓“月月书信，徒以空言责弟辈，却又不能实有好消息，令堂上阅兄之书，疑弟辈粗俗庸碌，使弟辈无地可容”云云，此数语，兄读之不觉汗下。

我去年曾与九弟闲谈云：为人子者，若使父母见得我好些，谓诸兄弟俱不及我，这便是不孝；若使族党称道我好些，谓诸兄弟俱不如我，这便是不弟[①]。何也？盖使父母心中有贤愚之分，使族党[②]口中有贤愚之分，则必其平日有讨好底意思，暗用机计，使自己得好名声，而使其兄弟得坏名声，必其后日之嫌隙由此而生也。刘大爷、刘三爷兄弟皆想做好人，卒至视如仇雠[③]，因刘三爷得好名声于父母族党之间，而刘大爷得坏名声故也。今四弟之所责我者，正是此道理，我所以读之汗下。但愿兄弟五人，各各明白这道理，彼此互相原谅。兄以弟得坏名为忧，弟以兄得好名为快。兄不能使弟尽道得令名，是兄之罪；弟不能使兄尽道得令名，是弟之罪。若各各如此存心，则亿万年无纤芥[④]之嫌矣。

至于家塾读书之说，我亦知其甚难，曾与九弟面谈及数十次矣。但四弟前次来书，言欲找馆出外教书，兄意教馆之荒功误事，较之家塾为尤甚，与其出而教馆，不如静坐家塾。若云一出家塾便有明师益友，则我境之所谓明师益友者，我皆知之，且已夙夜熟筹之矣，惟汪觉庵师及阳沧溟先生，是兄意中所信为可师者。然衡阳风俗，只有冬学要紧，自五月以后，师弟皆奉行故事而已。同学之人，类皆庸鄙无志者，又最好讪笑人（其笑法不一，总之不离乎轻薄而已。四弟若到衡阳去，必以翰林[5]之弟相笑，薄俗可恶）。乡间无朋友，实是第一恨事，不惟无益，且大有损，习俗染人，所谓与鲍鱼处，亦与之俱化也。兄尝与九弟道及，谓衡阳不可以读书，涟滨不可以读书，为损友太多故也。

今四弟意必从觉庵师游，则千万听兄嘱咐，但取明师之益，无受损友之损也。接到此信，立即率厚二到觉庵师处受业。其束脩，今年谨具钱十挂，兄于八月准付回，不至累及家中，非不欲从丰，实不能耳。兄所最虑者，同学之人无志嬉游，端节以后放散不事事，恐弟与厚二效尤耳，切戒切戒。凡从师必久而后可以获益。四弟与季弟今年从觉庵师，若地方相安，则明年仍可从游；若一年换一处，是即无恒者，见异思迁也，欲求长进，难矣。

此以上答四弟信之大略也。六弟之信，乃一篇绝妙古文，排奡[6]似昌黎，拗很[7]似半山[8]。予论古文，总须有倔强不驯之气，愈拗愈深之意，故于太史公[9]外，独取昌黎、半山两家。论诗亦取傲兀不群[10]者，论字亦然。每蓄此意而不轻谈，近得何子贞意见极相合，偶谈一二句，两人相视而笑。不知六弟乃生成有此一枝妙笔！往时见弟文，亦无大奇特者；今观此信，然后知吾弟真不羁才也。欢喜无极，欢喜无极！凡兄所有志而力不能为者，吾弟皆可为之矣。

信中言兄与诸君子讲学，恐其渐成朋党[11]，所见甚是。然弟尽可放心，兄最怕标榜，常存暗然尚䌹[12]之意，断不至有所谓门户自表者也。信中言四弟浮躁不虚心，亦切中四弟之病，四弟当视为良友药石之言。信中又有“荒芜已久，甚无纪律”二语。此甚不是。臣子于君亲，但当称扬善美，不可道及过错；但当谕亲于道，不可疵议细节。兄从前常犯此大恶，但尚是腹诽，未曾形之笔墨。如今思之，不孝孰大乎是？常与阳牧云并九弟言及之，以后愿与诸弟痛惩此大罪。

六弟接到此信，立即至父亲前磕头，并代我磕头请罪。

信中又言："弟之牢骚，非小人之热中，乃志士之惜阴。"读至此，不胜惘然，恨不得生两翅忽飞到家，将老弟劝慰一番，纵谈数日乃快。然向使诸弟已入学，则谣言必谓学院做情，众口铄金[13]，何从辨起？所谓塞翁失马，安知非福，科名迟早实有前定，虽惜阴念切，正不必以虚名萦怀耳。

来信言看《〈礼记〉疏》一本半，浩浩茫茫，苦无所得，今已尽弃，不敢复阅，现读朱子《纲目》，日十余页云云。说到此处，兄不胜悔恨！恨早岁不曾用功，如今虽欲教弟，譬盲者而欲导人之迷途也，求其不误难矣。然兄最好苦思，又得诸益友相质证，于读书之道，有必不可易者数端：穷经必专一经，不可泛骛。读经以研寻义理为本，考据名物为末。读经有一耐字诀：一句不通，不看下句；今日不通，明日再读；今年不精，明年再读。此所谓耐也。读史之法，莫妙于设身处地，每看一处，如我便与当时之人酬酢笑语于其间。不必人人皆能记也，但记一人，则恍如接其人；不必事事皆能记也，但记一事，则恍如亲其事。经以穷理，史以考事，舍此二者，更别无学矣。

盖自西汉以至于今，识字之儒约有三途：曰义理之学，曰考据之学，曰词章之学[14]，各执一途，互相诋毁。兄之私意，以为义理之学最大，义理明则躬行有要而经济有本。词章之学，亦所以发挥义理者也。考据之学，吾无取焉矣。此三途者，皆从事经史，各有门径。吾以为欲读经史，但当研究义理，则心一而不纷。是故经则专守一经，史则专熟一代，读经史则专主义理。此皆守约之道，确乎不可易者也。

若夫经史而外，诸子百家，汗牛充栋。或欲阅之，但当读一人之专集，不当东翻西阅。如读昌黎集，则目之所见，耳之所闻，无非昌黎，以为天地间除昌黎集而外，更无别书也。此一集未读完，断断不换他集，亦专字诀也。六弟谨记之。

读经，读史，读专集，讲义理之学，此有志者万不可易者也，圣人复起，必从吾言矣。然此亦仅为有大志者言之，若夫为科名之学，则要读四书文，读试帖律赋，头绪甚多。四弟、九弟、厚二弟天资较低，必须为科名之学。六弟既有大志，虽不科名可也。但当守一耐字诀耳。观来信言读《〈礼记〉疏》似不能耐者，勉之勉之！

兄少时天分不甚低，厥后[15]日与庸鄙者处，全无所闻，窍被茅塞[16]久矣。及乙未到京后，始有志学诗古文并作字之法，亦洎无良友。近年得一二良友，知有所谓经学者经济者，有所谓躬行实践者，始知范韩[17]可学而至也，马迁韩愈亦可学而至也，程朱亦可学而至也。慨然思尽涤前日之污，以为更生之人，以为父母之肖子，以为诸弟之先导。无如体气本弱，耳鸣不止，稍稍用心，便觉劳顿。每自思念，天既限我以不能苦思，是天不欲成我之学问也，故近日以来，意颇疏散。计今年若可得一差，能还一切旧债，则将归田养亲，不复恋恋于利禄矣。粗识几字，不敢为非以蹈大戾已耳，不复有志于先哲矣。吾人第一以保身为要，我所以无大志愿者，恐用心太过，足以疲神也。诸弟亦须时时以保身为念，无忽无忽！

来信又驳我前书，谓“必须博雅有才，而后可明理有用”，所见极是。兄前书之意，盖以躬行为重，即子夏“贤贤易色”章之意，以为博雅者不足贵，惟明理者乃有用，特其立论过激耳。六弟信中之意，以为不博雅多闻，安能明理有用？立论极精。但弟须力行之，不可徒与兄辩驳见长耳。

来信又言四弟与季弟从游觉庵师，六弟、九弟仍来京中，或肄业城南云云。兄之欲得老弟共住京中也，其情如孤雁之求曹也。自九弟辛丑秋思归，兄百计挽留，九弟当能言之。及至去秋决计南归，兄实无可如何，只得听其自便。若九弟今年复来，则一岁之内，忽去忽来，不特堂上诸大人不肯，即旁观亦且笑我兄弟轻举妄动。且两弟同来，途费须得八十金，此时实难措办。弟云能自为计，则兄窃不信。曹西垣去冬已到京，郭云仙明年始起程，目下亦无好伴。惟城南肄业之说，则甚为得计。兄于二月间准付银二十两至金竺虔家。以为六弟、九弟省城读书之用，竺虔于二月起身南旋，其银四月初可到。

弟接到此信，立即下省肄业。省城中兄相好的如郭筠仙、凌笛舟、孙芝房，皆在别处坐书院。贺蔗农、俞岱青、陈尧农、陈庆覃诸先生皆官场中人，不能伏案用功矣。惟闻有丁君者（名叙忠，号秩臣，长沙廪生），学问切实，践履笃诚。兄虽未曾见面，而稔知其可师。凡与我相好者，皆极力称道丁君。两弟到省，先到城南住斋，立即去拜丁君（托陈季牧为介绍），执贽受业。

凡人必有师，若无师，则严惮之心不生。既以丁君为师，此外择友，则慎之又慎。昌黎曰："善不吾与，吾强与之附；不善不吾恶，吾强与之拒。"一生之成败，皆关乎朋友之贤否，不可不慎也。

来信以进京为上策，以肄业城南为次策。兄非不欲从上策，因九弟去来太速，不好写信禀堂上，不特九弟形迹矛盾，即我禀堂上亦必自相矛盾也。又目下实难办途费，六弟言能自为计，亦未历甘苦之言耳。若我今年能得一差，则两弟今冬与朱啸山同来甚好，目前且从次策。如六弟不以为然，则再写信来商议可也。

此答六弟信之大略也。

九弟之信，写家事详细，惜话说太短，兄则每每太长，以后截长补短为妙。尧阶若有大事，诸弟随去一人帮他几天。牧云接我长信，何以全无回信？毋乃嫌我话太直乎？扶乩之事，全不足信。九弟总须立志读书，不必想及此等事。季弟一切皆须听诸兄话。此次折弁走甚急，不暇钞日记本，余容后告。

冯树堂闻弟将到省城，写一荐条，荐两朋友。弟留心访之可也。

【注释】

① 弟：同“悌”。儒家有关兄弟伦常的道德范畴。

② 族党：家族、乡党。

③ 仇雠：这里指互相看作仇人。雠，同“仇”。

④ 纤芥：细微。

⑤ 翰林：清代设翰林院，以及第进士充之，其官员称翰林。

⑥ 排奡：矫健。

⑦ 拗很：曲年生隙。

⑧ 半山：北宋政治家、文学家王安石。

⑨ 太史公：西汉史学家司马迁。

⑩ 傲兀不群：高傲而不流于俗。

⑪ 朋党：互相勾结的小集团。

⑫ 暗然尚絅：这里指糊涂地崇尚禅法。沿，罩在外面的单衣服，也指禅衣。

⑬ 铄金：熔化金子，此处指众口纷纭，莫衷一是。

⑭ 义理之学：即宋明理学，是讲求儒学经义、探究名理的学问。考据：考注据实古书古义的确凿出处与含义。词章：研究词赋的学问。

⑮ 厥后：自那以后。

⑯ 窍被茅塞：不开窍，被蒙蔽。

⑰ 范韩：即范仲淹和韩琦，皆为宋代政治家和文学家。

致六弟·述学诗习字之法

（道光二十三年六月初六日）

温甫六弟左右：

五月二十九、六月初一连接弟三月初一、四月二十五、五月初一三次所发之信，并四书文二首，笔仗实实可爱。

信中有云，“于兄弟则直达其隐，父子祖孙间不得不曲致其情”，此数语有大道理。余之行事，每自以为至诚可质天地，何妨直情径行。昨接四弟信，始知家人天亲之地，亦有时须委曲以行之者，吾过矣！吾过矣！

香海为人最好，吾虽未与久居，而相知颇深，尔以兄事之可也。丁秩臣、王衡臣两君，吾皆未见，大约可为尔之师，或师之，或友之，在弟自为审择。若果威仪可测[①]，淳实宏通[②]，师之可也；若仅博雅能文，友之可也。或师或友，皆宜常存敬畏之心，不宜视为等夷，渐至慢亵[③]，则不复能受其益矣。

尔三月之信，所定功课太多，多则必不能专，万万不可。后信言已向陈李［季］牧借《史记》，此不可不熟看之书。尔既看《史记》，则断不可看他书。功课无一定呆法，但须专耳。余从前教诸弟，常限以功课，近来觉限人以课程，往往强人以所难；苟其不愿，虽日日遵照限程，亦复无益，故近来教弟，但有一专字耳。专字之外，又有数语教弟，兹特将冷金笺写出，弟可贴之座右，时时省览，并抄一付寄家中三弟。

香海言时文须学《东莱博议》，甚是。尔先须过笔圈点一遍，然后自选几篇读熟，即不读亦可。无论何书，总须从首至尾，通看一遍。不然，乱翻几页，摘抄几篇，而此书之大局精处茫然不知也。

学诗从《中州集》入亦好。然吾意读总集不如读专集，此事人人意见各殊，嗜好不同。吾之嗜好，于五古则喜读《文选》，于七古则喜读昌黎集，于五律则喜读杜集④，七律亦最喜杜诗，而苦不能步趋，故兼读元遗山集。吾作诗最短于七律，他体皆有心得，惜京都无人可与畅语者。尔要学诗，先须看一家集，不要东翻西阅，先须学一体，不可各体同学，盖明一体则皆明也。凌笛舟最善为律诗，若在省，尔可就之求救。

习字临《千字文》亦可，但须有恒。每日临帖一百字，万万无间断，则数年必成书家矣，陈季牧最喜谈字，且深思善悟。吾见其寄岱云信，实能知写字之法，可爱可畏。尔可从之切磋，此等好学之友，愈多愈好。

来信要我寄诗回南，余今年身体不甚壮健，不能用心，故作诗绝少，仅作感春诗七古五章，慷慨悲歌，自谓不让陈卧子，而语太激烈，不敢示人。余则仅作应酬诗数首，了无可观；顷作寄贤弟诗二首，弟观之以为何如？京笔现在无便可寄，总在秋间寄回，若无笔写，暂向陈季牧借一枝，后日还他可也。

兄国藩手草

【注释】

① 威仪可则：则，效法。此意为威风凛凛的仪态可以效法。

② 淳实宏通：淳厚朴实而且宽宏通融。

③ 慢亵：怠慢、轻视。

④ 杜集：唐代诗人杜甫的文集。

致诸弟·劝述孝悌之道

（道光二十三年六月初六日）

澄侯、叔淳、季洪三弟左右：

五月底连接三月一日、四月十八两次所发家信。

四弟之信，具见真性情，有困心横虑、郁积思通之象。此事断不可求速效，求速效必助长，非徒无益，而又害之。只要日积月累，如愚公之移山，终久必有豁然贯通之候，愈欲速则愈锢蔽矣。

来书往往词不达意，我能深谅其苦。今人都将学字看错了。若细读“贤贤易色”一章，则绝大学问即在家庭日用之间。于孝弟两字上尽一分便是一分学，尽十分便是十分学。今人读书皆为科名起见，于孝弟伦纪之大，反似与书不相关。殊不知书上所载的，作文时所代圣贤说的，无非要明白这个道理。若果事事做得，即笔下说不出何妨！若事事不能做，并有亏于伦纪之大，即文章说得好，亦只算个名教中之罪人。贤弟性情真挚，而短于诗文，何不日日在孝弟两字上用功？《曲礼》、《内则》所说的，句句依他做出，务使祖父母、父母、叔父母无一时不安乐，无一时不顺适；下而兄弟妻子皆蔼然有恩，秩然有序，此真大学问也。若诗文不好，此小事，不足计；即好极，亦不值一钱。不知贤弟肯听此语否？

科名之所以可贵者，谓其足以承堂上之欢也，谓禄仕可以养亲也。今吾已得之矣，即使诸弟不得，亦可以承欢，可以养亲，何必兄弟尽得哉？贤弟若细思此理，但于孝弟上用功，不于诗文上用功，则诗文不期进而自进矣。

凡作字总须得势，务使一笔可以走千里。三弟之字，笔笔无势，是以局促不能远纵。去年曾与九弟说及，想近来已忘之矣。

九弟欲看余白折。余所写折子甚少，故不付。大铜尺已经寻得。

付笔回南，目前实无妙便，俟秋间定当付还。

去年所寄牧云信未寄去，但其信前半劝牧云用功，后半劝凌云莫看地，实有道理。九弟可将其信钞一遍仍交与他，但将纺棉花一段删去可也。地仙为人主葬，害人一家，丧良心不少，未有不家败人亡者，不可不力阻凌云也。至于纺棉花之说，如直隶之三河县、灵寿县，无论贫富男妇，人人纺布为生，如我境之耕田为生也。江南之妇人耕田，犹三河之男人纺布也。湖南如浏阳之夏布、祁阳之葛布、宜昌之棉布，皆无论贫富男妇，人人依以为业。此并不足为骇异也。第风俗难以遽变，必至骇人听闻，不如删去一段为妙。书不尽言。

兄国藩手草

致诸弟·勿为时文所误

（道光二十四年五月十二日）

四位老弟足下：

自三月十三日发信后，至今未寄一信。余于三月二十四日移寓前门内西边碾儿胡同，与城外消息不通。四月间到折差一次，余竟不知。迨既知而折差已去矣。惟四月十九欧阳小岑南归，余寄衣箱银物，并信一件。四月二十四梁䓣庄南归，余寄书卷零物并信一件。两信皆仅数语，至今想尚未到。四月十三黄仙垣南归，余寄闱墨，并无书信，想亦未到。兹将三次所寄各物，另开清单付回，待三人到时，家中照单查收可也。

内城现住房共二十八间，每月房租京钱叁拾串，极为宽敞。冯树堂、郭筠仙所住房屋皆清洁。甲三于三月二十四日上学，天分不高不低，现已读四十天，读至自修齐至平治矣。因其年太小，故不加严，已读者字皆能认。两女皆平安，陈岱云之子在余家亦甚好。内人身子如常，现又有喜，大约九月可生。

余体气较去年略好，近因应酬太繁，天气渐热，又有耳鸣之病。今年应酬，较往年更增数倍：第一，为人写对联条幅，合四川、湖南两省求书者几日不暇给；第二，公车来借钱者甚多，无论有借无借，多借少借，皆须婉言款待；第三则请酒拜客及会馆公事；第四则接见门生，颇费精神。又加以散馆，殿试则代人料理，考差则自己料理，诸事冗杂，遂无暇读书矣。

三月二十八大挑，甲午科共挑知县四人，教官十九人。其全单已于梁菉庄所带信内寄回。四月初八日发会试榜，湖南中七人，四川中八人，去年门生中二人。另有题名录附寄。十二日新进士复试，十四发一等二十一名，另有单附寄。十六日考差，余在场，二文一诗，皆妥当无弊病，写亦无错落。兹将诗稿寄回。十八日散馆，一等十九名。本家心斋取一等十二名，陈启迈取二等第三名，二人俱留馆。徐棻因诗内“皴”字误写“皱”字，改作知县，良可惜也。二十二日散馆者引见，二十六七两日考差者引见，二十八日新进士朝考，三十日发全单附回。二十一日新进士殿试，二十四日点状元，全榜附回。五月初四五两日新进士引见。初一日放云贵试差，初二日钦派大教习二人，初六日奏派小教习六人，余亦与焉。

初十日奉上谕，翰林侍读以下，詹事府洗马以下，自十六日起，每日召见二员。余名次第六，大约十八日可以召见。从前无逐日分见翰詹之例，自道光十五年始一举行，足征圣上勤政求才之意。十八年亦如之，今年又如之。此次召见，则今年放差，大半，奏对称旨者居其半，诗文高取者居其半也。

五月十一日接到四月十三家信，内四弟、六弟各文二首，九弟、季弟各文一首。四弟东皋课文甚洁净，诗亦稳妥，“则何以哉”一篇亦清顺有法，第词句多不圆足，笔亦平沓不超脱。平沓最为文家所忌，宜力求痛改此病。六弟笔气爽利，近亦渐就范围。然词意平庸，无才气峥嵘之处，非吾意中之温甫也。如六弟之天姿不凡，此时作文，当求议论纵横，才气奔放，作为如火如荼之文，将来庶[1]有成就。不然一挑半剔，意浅调卑，即使获售，亦当自惭其文之浅薄不堪，若其不售，则又两失之矣。

今年从罗罗山游，不知罗山意见如何？吾谓六弟今年入泮[2]固妙，万一不入，则当尽弃前功，壹志从事于先辈大家之文。年过二十，不为少矣，若再扶墙摩壁，役役于考卷截搭小题之中，将来时过而业仍不精，必有悔恨于失计者，不可不早图也。余当日实见不到此，幸而早得科名，未受其害。向使至今未尝入泮，则数十年从事于吊渡映带之间，仍然一无所得，岂不腼颜[3]也哉！此中误人终身多矣。温甫以世家之子弟，负过人之姿质，即使终不入泮，尚不至于饥饿，奈何亦以考卷误终身也。

九弟要余改文详批，余实不善改小考文，当请曹西垣代改，下次折弁付回。季弟文气清爽异常，喜出望外，意亦层出不穷，以后务求才情横溢，气势充畅，切不可挑剔敷衍，安于庸陋[4]，勉之勉之，初基不可不大也。书法亦有褚子笔意，尤为可喜。总之，吾所望于诸弟者，不在科名之有无，第一则孝弟为瑞，其次则文章不朽。诸弟若果能自立，当务其大者远者，毋徒汲汲于进学也。

冯树堂、郭筠仙在寓看书作文，功无间断。陈季牧日日习字，亦可畏也。四川门生留京约二十人，用功者颇多。余不尽言。

兄国藩草

【注释】

① 庶：将近。

② 入泮：泮，是旧时学官前的水池。入泮，喻指童蒙入学官，也指童生考中秀才。

③ 腼颜：脸面无光，惭愧。

④ 庸陋：庸俗、浅陋。

禀父母·教弟注重看书

（道光二十四年九月十九日）

男国藩跪禀父母亲大人万福金安：

八月二十九日男发第十号信，备载二十八生女及率五回南事，不知已收到否？男身体平安。冢妇月内甚好，去年月里有病，今年尽除去。孙儿女皆好。初十日顺天乡试发榜，湖南中三人，长沙周荇农中南元（原名康立）。

率五之归，本拟附家心斋处。因率五不愿坐车，故附陈岱云之弟处，同坐粮船。昨岱云自天津归，云船不甚好，男颇不放心，幸船上人多，应可无虑。

诸弟考试后，尽肄业小罗巷庵，不知勤惰若何？此时惟季弟较小，三弟俱年过二十，总以看书为主。我境惟彭薄墅先生看书略多，自后无一人讲究者，大抵为考试文章所误。殊不知看书与考试全不相碍，彼不看书者，亦仍不利考如故也。我家诸弟，此时无论考试之利不利，无论文章之工不工[①]，总以看书为急。不然则年岁日长，科名无成，学问亦无一字可靠，将来求为塾师[②]而不可得。或经或史，或诗集文集，每日总宜看二十页。男今年以来，无日不看书，虽万事丛忙，亦不废正业。

闻九弟意欲与刘霞仙同伴读书，霞仙近来见道甚有所得，九弟若去，应有进益，望大人斟酌行之，男不敢自主。此事在九弟自为定计，若愧奋直前，有破釜沉舟之志，则远游不负；若徒悠忽因循[③]，则近处尽可度日，何必远行百里外哉？求大人察九弟之志而定计焉。余容续呈。

男谨禀

【注释】

① 文章之工不工：此意为文章精美与否。工，精细、完美。

② 塾师：旧时乡村私塾里的教书先生。

③ 悠忽因循：摇摆不定，循环往复。

致诸弟·必须立志猛进

（道光二十四年九月十九日）

四位老弟足下：

自七月发信后，未接诸弟信，乡间寄信较省城百倍之难，故余亦不望也。

九弟前信有意与刘霞仙同伴读书，此意甚佳。霞仙近来读朱子书，大有所见，不知其言语容止、规格气象何如？若果言动有礼，威仪可则，则直以为师可也，岂特友之哉！然与之同居，亦须真能取益乃佳，无徒浮慕虚名。人苟能自立志，则圣贤豪杰，何事不可为？何必借助于人？“我欲仁，斯仁至矣。”我欲为孔孟，则日夜孜孜，惟孔孟之是学，人谁得而御[①]我哉？若自己不立志，则虽日与尧舜禹汤同住，亦彼自彼，我自我矣，何与于我哉?

去年温甫欲读书省城，吾以为离却家门局促之地而与省城诸胜己者处，其长进当不可限量。乃两年以来，看书亦不甚多，至于诗文，则绝无长进，是不得归咎于地方之局促也。去年余为择师丁君叙忠，后以丁君处太远，不能从，余意中遂无他师可从。今年弟自择罗罗山改文，而嗣后杳无信息，是又不得归咎于无良友也。日月逝矣，再过数年则满三十，不能不趁三十以前立志猛进也。

余受父教，而余不能教弟成名，此余所深愧者。他人与余交，多有受余益者，而独诸弟不能受余之益，此又余所深恨者也。今寄霞仙信一封，诸弟可钞存信稿而细玩之。此余数年来学思之力，略具大端。

六弟前嘱余将所作诗录寄回。余往年皆未存稿，近年存稿者，不过百余首耳，实无暇钞写，待明年将全本付回可也。

国藩草

【注释】

① 御：抵御，阻止。

致诸弟·读书必须有恒心

（道光二十四年十一月二十一日）

四位老弟足下：

前月寄信，想已接到。余蒙祖宗遗泽[①]、祖父教训，幸得科名，内顾无所忧，外遇无不如意，一无所觖矣。所望者，再得诸弟强立，同心一力，何患令名之不显？何患家运之不兴？欲别立课程，多讲规条，使诸弟遵而行之，又恐诸弟习见而生厌心；欲默默而不言，又非长兄督责之道。是以往年常示诸弟以课程，近来则只教以有恒二字。所望于诸弟者，但将诸弟每月功课写明告我，则我心大慰矣。

乃诸弟每次写信，从不将自己之业写明，乃好言家事及京中诸事。此时家中重庆[②]，外事又有我料理，诸弟一概不管可也。以后写信，但将每月作诗几首，作文几首，看书几卷，详细告我，则我欢喜无量。诸弟或能为科名中人，或能为学问中人，其为父母之令子一也，我之欢喜一也。慎弗以科名稍迟，而遂谓无可自力也。如霞仙今日之身分，则比等闲之秀才高矣。若学问愈进，身分愈高，则等闲之举人、进士又不足论矣。

学问之道无穷，而总以有恒为主。兄往年极无恒，近年略好，而犹未纯熟。自七月初一起，至今则无一日间断。每日临帖百字，抄书百字，看书少亦须满二十页，多则不论。自七月起，至今已看过《王荆公[③]文集》百卷，《归震川[④]文集》四十卷，《诗经大全》二十卷，《后汉书》百卷，皆朱笔加圈批。虽极忙，亦须了本日功课，不以昨日耽搁而今日补做，不以明日有事而今日预做。诸弟若能有恒如此，则虽四弟中等之资，亦当有所成就，况六弟、九弟上等之资乎？

明年肄业之所，不知已有定否？或在家，或在外，无不可者。谓在家不可用功，此巧于卸责者也。吾今在京，日日事务纷冗，而犹可以不间断，况家中万万不及此间之纷冗乎？树堂、筠仙自十月起，每十日作文一首，每日看书十五页，亦极有恒。诸弟试将朱子《纲目》过笔圈点，定以有恒，不过数月即圈完矣。若看注疏[⑤]，每经亦不过数月即完，切勿以家中有事而间断看书之课，义弗以考试将近而间断看书之课。虽走路之日，到店亦可看；考试之日，出场亦可看也。

兄日夜悬望，独此有恒二字告诸弟，伏愿诸弟刻刻留心。幸甚幸甚。

兄国藩手草

【注释】

① 遗泽：祖辈遗留下来的恩泽。

② 重庆：指祖父母、父母健在。

③ 王荆公：北宋政治家、文学家王安石。

④ 归震川：明代学者归有光。

⑤ 注疏：后人对前代文章典籍所作注解、疏证。

致诸弟·按月作文寄京

（道光二十五年二月初一日）

四位老弟足下：

去年十二月二十二日寄去书函，谅已收到。顷接四弟信，谓前信小注中误写二字，其诗比即付还，今亦忘其所误谓何矣。

诸弟写信，总云仓忙，六弟去年曾言城南寄信之难，每次至抚院赍奏厅打听云云。是何其蠢也！静坐书院，三百六十日，日日皆可写信，何必打听折差行期而后动笔哉？或送至提塘，或送至岱云家，皆万无一失，何必问了无关涉之赍奏厅哉？若弟等仓忙，则兄之仓忙殆过十倍，将终岁无一字寄家矣。

送王五诗第二首，弟不能解，数千里致书来问，此极虚心，余得信甚喜。若事事勤思善问，何患不一日千里？兹另纸写明寄回。

家塾读书，余明知非诸弟所甚愿，然近处实无名师可从。省城如陈尧农、罗罗山皆可谓明师，而六弟、九弟又不善求益。且住省二年，诗文与字皆无大长进。如今我虽欲再言，堂上大人亦必不肯听。不如安分耐烦，寂处里闾，无师无友，挺然特立，作第一等人物，此则我之所期于诸弟者也。昔婺源汪双池先生，一贫如洗，三十以前在窑上为人佣工画碗，三十以后读书，训蒙到老，终身不应科举，卒著书百余卷，为本朝有数名儒。彼何尝有师友哉？又何尝出里闾[①]哉？余所望于诸弟者，如是而已，然总不出乎“立志有恒”四字之外也。

买笔付回，刻下实无妙便，须公车归乃可带回。大约府试院试可得用，县试则赶不到也。诸弟在家作文，若能按月付至京，则余请树堂看。随到随改，不过两月，家中又可收到。书不详尽，余俟续具。

兄国藩手草

【注释】

① 闾：里巷的大门，此处指家乡大门。

致诸弟·评文字之优劣

（道光二十六年四月十六日）

子植、季洪两弟左右：

四月十四日接子植二月、三月两次手书，又接季洪信一片。子植何其详，季洪何其略也！今年以来，京中已发信七号，不审[①]

俱收到否？第六号、第七号余皆有禀呈堂上，言今年恐不考差。彼时身体虽平安，而癣疥之疾未愈，头上面上颈上并斑剥陆离，恐不便于陛见，故情愿不考差。恐堂上诸大人不放心，故特作白折楷信，以安慰老亲之念。

三月初有直隶张姓医生言最善治癣，贴膏药于癣上，三日一换，贴三次即可拔出脓水，贴七次即全愈矣。初十日，令于左胁试贴一处，果有效验。二十日即令贴头面颈上，至四月八日而七次皆已贴毕，将膏药揭去，仅余红晕，向之厚皮顽癣，今已荡然平矣。十五六即贴遍身，计不过半月，即可毕事，至五月初旬考差而通身已全好矣。现在仍写白折，一定赴试，虽得不得自有一定，不敢妄想，而苟能赴考，亦可上慰高堂诸大人期望之心。

寓中大小安吉。惟温甫前月底偶患感冒风寒，遂痛左膝，服药二三帖不效，请外科开一针而愈。

澄弟去年习柳字，殊不足观，今年改习赵字，而参以李北海《云麾碑》之笔意，大为长进。温弟时文已才华横溢，长安诸友多称赏之。书法以命意太高，笔不足以赴其所见，故在温老自不称意，而人亦无由称之。故论文则温高于澄，澄难为兄；论书则澄高于温，温难为弟。子植书法驾滌、澄、温而上之，可爱之至！可爱之至！但不知家中旧有《和尚碑》（徐浩书）及《郭家庙》（颜真卿书）否？若能参以二帖之沉着，则直追古人不难矣。

狼兼毫四枝既不合用，可以二枝送辛田叔，以二枝送苇表叔。正月间曾在岱云处寄羊毫二枝，不知已收到否？至五月，钟子宾（名音鸿，戊戌同年，放辰州府知府）太守往湖南，又可再寄二枝。以后两弟需用之物，随时写信至京可也。

祖父大人嘱买四川漆，现在四川门生留京者仅二人（敖册贤、陈世镳），皆极寒之士，由京至渠家有五千余里，由四川至湖南有四千余里，彼此路皆太远。此二人在京常半年不能得家信，即令彼能寄信至渠家，渠家亦万无便可附湖南。九弟须详禀祖父大人，不如在省以重价购顶上川漆为便。

做直牌匾，祖父大人系驰封中宪大夫，父亲系诰封中宪大夫，祖母封恭人，母亲诰封恭人，京官中加一级请封，侍讲学士是从四品，故堂上皆正四品也。蓝顶是暗蓝，余正月已寄回二顶矣。书不宣尽，诸详澄、温书中。今日身上敷药，不及为楷。堂上诸大人，两弟代为禀告可也。

【注释】

① 不审：不知。

致诸弟·读书宜选一明师

（咸丰四年十月二十二日）

澄侯、温甫、子植、季洪四位老弟足下：

胡二等于初一日到营，接奉父大人手谕及诸弟信，具悉一切。

兄于二十日自汉口起行，二十一日至黄州，二十二日至堵城，以羊一豖一，为文祭吴甄甫师。二十三日过江至武昌县。二十四日在巴河晤郭雨三之弟，知其兄观亭在山西，因属邑失守革职，雨三现署两淮盐运使。二十九日至蕲州，是日水师大战获胜。

初一、初四、初五陆军在田家镇之对岸半壁山大战获胜。初九、初十水师在蕲州开仗小胜，十三日水师大破田家镇贼防，烧贼船四千余号。自有此军以来，陆路杀贼之多，无有过于初四之战，水路烧船之多，无有过于十三之役。

现在前帮已至九江，吾尚驻田家镇，离九江百五十里。陆路之贼均在广济、黄梅一带，塔。罗于二十三日起行往剿。一切军事之详，均具奏报之中。兹并抄录寄回，祈敬呈父大人、叔父大人一览。

刘一、良五于二十日至田家镇，得悉家中老幼均吉，甚慰甚慰。魏荫亭先生既来军中，父大人命九弟教子侄读书，而九弟书来坚执不肯，欲余另请明师。余意中实乏明师可以聘请，日内与霞、次及幕中诸君子熟商。近处惟罗研生兄是我心中佩仰之人，其学问具有本原，于说文、音学、舆地尤其所长，而诗、古文辞及行楷书法亦皆讲求有年。吾乡通经学古之士，以邹叔绩为最，而研生次之。其世兄现在余幕中，故请其写家信、聘研生至吾乡教读。研兄之继配陈氏，与耦庚先生为联襟，渠又明于风水之说，并可在吾乡选择吉地，但不知其果肯来否？渠现馆徐方伯处，未知能辞彼就此否？若果能来，足开吾邑小学之风，于温甫、子植亦不无裨益。若研兄不能来，则吾心中别无人。植弟坚不肯教，则乞诸弟为访择一师而延聘焉为要。甲三、甲五可同一师，不可分开，科一、科三、科四亦可同师。

余不一一，诸俟续布。

兄国藩手草

字谕纪鸿儿·读书写字不可间断

（咸丰六年九月二十九日）

字谕纪鸿儿：

家中人来营者，多称尔举止大方，余为少慰。凡人多望子孙为大官，余不愿为大官，但愿为读书明理之君子。勤俭自持，习劳习苦，可以处乐，可以处约，此君子也。余服官二十年，不敢稍染官宦气习，饮食起居，尚守寒素家风，极俭也可，略丰也可，太丰则吾不敢也。凡仕宦之家，由俭入奢易，由奢返俭难。尔年尚幼，切不可贪爱奢华，不可惯习懒惰。无论大家小家、士农工商，勤苦俭约，未有不兴，骄奢倦怠，未有不败。

尔读书写字不可间断，早晨要早起，莫坠高曾祖考以来相传之家风。吾父吾叔，皆黎明即起，尔之所知也。

凡富贵功名，皆有命定，半由人力，半由天事。惟学作圣贤，全由自己作主，不与天命相干涉。吾有志学为圣贤，少时欠居敬工夫，至今犹不免偶有戏言戏动。尔宜举止端庄，言不妄发，则入德之基也。手谕。（江西抚州门外）

字谕纪泽儿·不可浪掷光阴

（咸丰六年十月初二日）

字谕纪泽儿：

胡二等来，接尔安禀，字画尚未长进。尔今年十八岁，齿已渐长，而学业未见其益。陈岱云姻伯之子号杏生者，今年入学，学院批其诗冠通场，渠系戊戌二月所生，比尔仅长一岁，以其无父无母家渐清贫，遂尔勤苦好学，少年成名。尔幸托祖父余荫，衣食丰适，宽然无虑，遂尔酣豢佚乐，不复以读书立身为事。古人云“劳则善心生，佚则淫心生”，孟子云“生于忧患，死于安乐”，吾虑尔之过于佚也。新妇初来，宜教之入厨作羹，勤于纺绩，不宜因其为富贵子女不事操作。大、二、三诸女已能做大鞋否？三姑一嫂，每年做鞋一双寄余，各表孝敬之忱，各争针凿之工；所织之布，所寄衣袜等件［抄本顶批：“此处似有阙文。”］，余亦得察闺门以内之勤惰也。余在军中不废学问，读书写字未甚间断，惜年老眼蒙，无甚长进。尔今未弱冠，一刻千金，切不可浪掷光阴。四年所买衡阳之田，可觅人售出，以银寄营，为归还李家款。父母存，不有私财，士庶人且然，况余身为卿大夫乎？

余癣疾复发，不似去秋之甚，李次青十七日在抚州败挫，已详寄沅甫函中。现在崇仁加意整顿，三十日获一胜仗。口粮缺乏，时有决裂之虞，深用焦灼。

尔每次安禀详陈一切，不可草率，祖父大人之起居，合家之琐事，学堂之工课，均须详载。切切此谕。

字谕纪泽儿·读书之法看读写作四者不可缺一

（咸丰八年七月二十一日）

字谕纪泽儿：

余此次出门，略载日记，即将日记封每次家信中，闻林文忠家书，即系如此方法。尔在省，仅至丁、左两家，余不轻出，足慰远怀。

读书之法，看、读、写、作，四者每日不可缺一。看者，如尔去年看《史记》、《汉书》、《韩文》、《近思录》，今年看《周易折中》之类是也。读者，如《四书》、《诗》、《书》、《易经》、《左传》诸经、《昭明文选》、李杜韩苏之诗、韩欧曾王之文，非高声朗诵则不能得其雄伟之概，非密咏恬吟则不能探其深远之韵。

譬之富家居积，看书则在外贸易，获利三倍者也，读书则在家慎守，不轻花费者也；譬之兵家战争，看书则攻城略地，开拓土宇者也，读书则深沟坚垒，得地能守者也。看书如子夏之“日知所亡”相近，读书与“无忘所能”相近，二者不可偏废。至于写字，真行篆隶，尔颇好之，切不可间断一日。既要求好，又要求快。余生平因作字迟钝，吃亏不少。尔须力求敏捷，每日能作楷书一万则几矣。至于作诸文，亦宜在二三十岁立定规模；过三十后，则长进极难。作四书文，作试帖诗，作律赋，作古今体诗，作古文，作骈体文，数者不可不一一讲求，一一试为之。少年不可怕丑，须有狂者进取之趣，此时不试为之，则后此弥不肯为矣。

至于作人之道，圣贤千言万语，大抵不外敬恕二字。“仲弓问仁”一章，言敬恕最为亲切。自此以外，如立则见参于前也，在舆则见其倚于衡也；君子无众寡，无小大，无敢慢，斯为泰而不骄；正其衣冠，俨然人望而畏，斯为威而不猛。是皆言敬之最好下手者。孔言“欲立立人，欲达达人”；孟言“行有不得，反求诸己”，“以仁存心，以礼存心”，“有终身之忧，无一朝之患”。是皆言恕之最好下手者。尔心境明白，于恕字或易著功，敬字则宜勉强行之。此立德之基，不可不谨。

科场在即，亦宜保养身体。余在外平安，不多及。

涤生手谕

再，此次日记，已封入澄侯叔函中寄至家矣。余自十二至湖口，十九夜五更开船晋江西省，二十一申刻即至章门。余不多及。又示。

齐家篇

禀父母·述家和万事兴

（道光二十三年正月十七日）

男国藩跪禀父母亲大人万福金安：

正月八日，恭庆祖父母双寿，男去腊作寿屏二架，今年同乡送寿对者五人，拜寿来客四十人。早面四席，晚酒三席；未吃晚酒者，于十七日、二十日补请二席。又倩人画椿萱重荫图，观者无不叹羡。

男身体如常，新年应酬太繁，几至日不暇给。媳妇及孙儿女俱平安。

正月十五接到四弟、六弟信，四弟欲偕季弟从汪觉庵师游，六弟欲偕九弟至省城读书。男思大人家事日烦，必不能常在家塾照管诸弟；且四弟天分平常，断不可一日无师，讲书改诗文，断不可一课耽阁。伏望堂上大人俯从男等之请，即命四弟、季弟从觉庵师，其束脩银，男于八月付回，两弟自必加倍发奋矣。

六弟实不羁[①]之才，乡间孤陋寡闻，断不足以启其见识而坚其志向，且少年英锐之气不可久挫。六弟不得入学，既挫之矣；欲进京而男阻之，再挫之矣；若又不许肄业省城，则毋乃太挫其锐气乎？伏望堂上大人俯从男等之请，即命六弟、九弟下省读书，其费用，男于二月间付银二十两至金竺虔家。

夫家和则福自生，若一家之中，兄有言弟无不从，弟有请兄无不应，和气蒸蒸[②]而家不兴者，未之有也；反是而不败者，亦未之有也。伏望大人察男之志，即此敬禀叔父大人，恕不另具。六弟将来必为叔父克家之子，即为吾族光大门弟，可喜也。谨述一二，余俟续禀。

【注释】

① 不羁：比喻不拘小节，不受约束的性格。

② 蒸蒸：像气一样上升，比喻一团和气。

禀父母·兄弟和虽穷氓小户必兴兄弟不和虽世家宦族必败

（道光二十三年二月十九日）

男国藩跪禀父母亲大人万福金安：

正月十七日，男发第一号家信，内呈堂上信三页，复诸弟信九页，教四弟与厚二从汪觉庵师，六弟、九弟到省从丁秩臣，谅已收到。二月十六日接到家信第一号，系新正初三交彭山屺者，敬悉一切。

去年十二月十一，祖父大人忽患肠风，赖神灵默佑，得以速痊，然游子闻之，尚觉心悸。六弟生女，自是大喜。初八日恭逢寿筵，男不克在家庆祝，心尤依依。

诸弟在家不听教训，不甚发奋。男观诸弟来信，即已知之。盖诸弟之意，总不愿在家塾读书。自己亥年男在家时，诸弟即有此意，牢不可破。六弟欲从男进京，男因散馆去留未定。故比时未许。庚子年接家眷，即请弟等送，意欲弟等来京读书也。特以祖父母、父母在上，男不敢专擅，故但写诸弟而不指定何人。迨九弟来京，其意颇遂，而四弟、六弟之意尚未遂也。年年株守家园，时有耽搁，大人又不能常在家教之：近地又无良友，考试又不利。兼此数者，怫郁难申，故四弟、六弟不免怨男，其可以怨男者有故。丁酉在家教弟，威克厥爱，可怨一矣；己亥在家未尝教弟一字，可怨二矣；临进京不肯带六弟，可怨三矣；不为弟另择外傅，仅延丹阁叔教之，拂厥本意，可怨四矣；明知两弟不愿家居，而屡次信回，劝弟寂守家塾，可怨五矣。惟男有可怨者五端，故四弟、六弟难免内怀隐衷。前次含意不申，故从不写信与男。去腊来信甚长，则尽情吐露矣。

男接信时，又喜又惧。喜者，喜弟志气勃勃不可遏也；惧者，惧男再拂弟意，将伤和气矣。兄弟和，虽穷氓小户必兴；兄弟不和，虽世家宦族必败。男深知此理，故禀堂上各位大人俯从男等兄弟之请。男之意实以和睦兄弟为第一。

九弟前年欲归，男百般苦留，至去年则不复强留，亦恐拂弟意也。临别时，彼此恋恋，情深似海。故男自九弟去后，思之尤切，信之尤深。谓九弟纵不为科目中人，亦当为孝弟中人。兄弟人人如此，可以终身互相依倚，则虽不得禄位，亦何伤哉！

恐堂上大人接到男正月信必且惊而怪之，谓两弟到衡阳，两弟到省，何其不知艰苦，擅自专命？殊不知男为兄弟和好起见，故复缕陈一切；并恐大人未见四弟、六弟来信，故封还附呈。总愿堂上六位大人俯从男等三人之请而已。

伏读手谕，谓男教弟宜明言责之，不宜琐琐告以阅历工夫。男目［自］忆连年教弟之信不下数万字，或明责，或婉劝，或博称，或约指，知无不言，总之尽心竭力而已。

男妇孙男女身体皆平安，伏乞放心。

男谨禀

致诸弟·祖母葬事谨遵天理

（道光二十七年二月十二日）

澄侯、子植、季洪三弟左右：

二月二十一日接到三弟正月初旬手书，具悉一切。

澄侯以腊月二十三至岳州，余见罗芸皋已知之。后过湖又阻风，竟走七十余天始到。人事之难测如此！吾弟此后又添了阅历工夫矣。黎樾乔托带之件，当装车时，吾语弟曰："此物在大箱旁边恐不妥，弟明日到店，须另安置善地。"不知弟犹记得我言否？出门人事事皆须细心。今既已弄坏，则亦不必过于着急。盖此事黎樾翁与弟当分任其咎。两人皆粗心，不得专责弟一人也。

祖大人之病久不见效，兄细思之，恐有火，不宜服热药，盖祖父体赋素强，丁酉之春以服补药之故，竟成大病。后泽六爷以凉药治好。此次每日能吃三中碗饭，则火未甚衰，恐医者不察，徒见小便太数，则以为火衰所致，概以热药投之，亦足误事。兄不明医理，又难遥度，而回忆丁酉年之往事，又闻陶云汀先生为补药所误之说，特书告家中。望与名医细商，不知有可服凉药之理否？兄自去年接祖母讣后，即日日思抽身南归。无如欲为归计，有三难焉：现在京寓欠帐五百多金，欲归则无钱还帐，而来往途费亦须四百金，甚难措办。一难也。不带家眷而归，则恐我在家或有事留住，不能遽还京师，是两头牵扯；如带家眷，则途费更多，家中又无房屋。二难也。我一人回家，轻身快马，不过半年可以还京。第开缺之后，明年恐尚不能补缺，又须在京闲住一年。三难也。

有此三难，是以踌躇不决。而梦寐之中，时时想念堂上老人，望诸弟将兄意详告祖父及父母。如堂上有望我回家之意，则弟书信与我，我概将家眷留在京师，我立即回家。如堂上老人无望我归省之意，则我亦不敢轻举妄动。下次写信，务必详细书堂上各位老人之意。

祖母之葬事既已办得坚固，则不必说及他事。日前所开山向吉凶之说，亦未可尽信。山向之说，地理也；祖父有命而子孙从之，天理也。祖父之意已坚，而为子孙者乃拂违其意，而改卜他处，则祖父一怒，肝气必郁，病势必加，是已大逆天理；虽得吉地，犹将变凶，而况未必吉乎？自今以后不必再提改葬之说。或吉或凶，听天由命；即朱尧阶、易敬臣，亦不必请他寻地（尧阶二人如看得有妥地，亦不妨买）。四弟则在家帮父亲、叔父管家事，时时不离祖父左右。九弟、季弟则专心读书。只要事事不违天理，则地理之说，可置之不论不议矣。

吾身之癣，春间又发，特不如去岁之甚。面上颈上则与弟出京时一样，未再发也。六弟近日颇发愤，早间亦能早起。纪泽《诗经》尚未读完，现系竹屋教，总多间断，将来必要请一最能专馆之人。

黎樾乔御史报满引见，回原衙门行走。黄正斋之长子于正月初间失去，至今尚未归来。邓星阶就正斋之馆，李希庵就杜兰溪之馆，系我所荐。同县刘九爷、罗邹二人及新科三人皆已到京，住新馆。江岷樵住张相公庙，去我家甚近。郭筠仙尚未到。袁漱六于正月二十四到京，现在家眷住北半截胡同。周荇农尚未到。杨春皆于正月二日生一子。刘药云移寓虎坊桥，其病已全好。赵崧原之妻于正月仙逝。舒伯鲁二月出都。我家碾儿胡同房东将归，三四月必须搬家。黄秋农之银已付来，加利息十两，兄意欲退还他。

九弟、季弟读书，开口便有自画之意。见得年纪已大，功名无成，遂有懒惰之意。此万万不可。兄之乡试座师余晓邨、许吉斋两先生，会试房师季仙九先生，皆系二十六七入泮，三十余岁中举，四十余岁入词林。诸弟但须日日用功，万不能作叹老嗟卑之想。譬如人欲之京师，一步不动而长吁短叹，但曰京师之远，岂我所能到乎？则旁观者必笑之矣。吾愿吾弟步步前行，日日不止，自有到期，不必计算远近而徒长吁短叹也。望澄侯时时将此譬喻说与子植、季洪听之，千万千万！无怠无怠！

九弟信言诸妯娌不甚相能，尤望诸弟修身型妻，力变此风。若非诸弟痛责己躬，则内之气象必不改，而乖戾之致咎不远矣。望诸弟熟读《训俗遗规》、《教女遗规》，以责己躬，以教妻子。此事全赖澄弟为之表率，关系至大，千万千万！不胜嘱切之至！伏惟留心自反为幸。

兄国藩手草

致诸弟·家中改屋便利为要

（道光二十八年十二月初十日）

澄侯、温甫、子植、季洪四弟左右：

十一月十四发第十四号家信，不知收到否？十二月初九接到家中十月十二日一信内有酒药，十一月初一日一信，初十日一信，具悉一切。

家中改屋，有与我意见相同之处。我于前次信内曾将全屋画图寄归，想已收到。家中既已改妥，则不必依我之图矣。但三角丘之路，必须改于檀山嘴下，而于三角丘密种竹木。此我画图之要嘱，望诸弟禀告堂上，急急行之。家中改房，亦有不与我合意者，已成则不必再改。但六弟房改在炉子内，此系内外往来之屋，欲其通气，不欲其闷塞，余意以为必不可，不若以长横屋上半节间断作房为妥（连间两隔，下半节作横屋客坐，中间一节作过道，上半节作房）。内茅房在石柱屋后，亦嫌太远，不如于季洪房外高磡打进去七八尺（即旧茅房沟对过之磡，若打进丈余，则与上首栗树处同宽），既可起茅房，澡堂，而后边地面宽宏，家有喜事，碗盏、菜货亦有地安置，不至局促，不知可否？

家中高参已完，明春得便即寄。彭十九之寿屏，亦准明春寄到。此间事务甚多，我又多病，是以迟迟。

澄弟办贼，甚快人心，然必使其亲房人等知我家是图地方安静，不是为一家逞势张威，庶人人畏我之威，而不恨我之太恶。贼既办后，不特面上不可露得意之声色，既心中亦必存一番哀矜的意思。诸弟人人当留心也。

罗芸皋坐东皋，求我援引，此刻想已无及矣（我想写一信与师令及伍府尊，此次又赶不及）。且如何援引之法，须写信告我。渠前年存银二十二两在我处，昨托张楠皆带交还渠。张言途中要借用，我已答应，嘱渠到家即办交邵阳彭筱房转寄芸皋，并作书告筱房矣，明春可问芸皋，看收到否？

征一表叔在我家教读甚好，此次未写信请安，诸弟为我转达。

张豆付（和尚之称如此）写信寄南，殊为可恶！我付之不理，若并未接到此信者然，渠亦无如之何。

同乡周荇农家之鲍石卿，前与六弟交游，近因在妓家饮酒（十一月初六日荇农之母生日，席散鲍即出游），提督府捉去交刑部，革去供事。而荇农、荻舟尚游荡不畏法，真可怪也。

余近日常有目疾，余俱康泰。内人及二儿四女皆平安，小儿甚胖大。西席庞公拟十一回家，正月半来，将请李笔峰代馆。

宋芗宾在道上仆跌断腿（宋有与六弟信），五十余天始抵樊城，大可悯也。余不一一。

国藩手草

致诸弟·不靠做官发财以遗后人

（道光二十九年三月二十一日）

澄侯、温甫、子植、季洪足下：

正月初十日发第一号家信，二月初八日发第二号家信，报升任礼部侍郎之喜，二十六日发第三号信，皆由折差带寄。三月初一日由常德太守乔心农处寄第四号信，计托带银七十两、高丽参十余两、鹿胶二斤、一品顶带三枚、补服五付等件。渠由山西迂道转至湖南，大约须五月端午前后乃可到长沙。

予尚有寄兰姊、蕙妹及四位弟妇江绸棉外褂各一件，仿照去年寄呈母亲、叔母之样。前乔心农太守行时不能多带，兹因陈竹伯新放广西左江道，可于四月出京，拟即托渠带回。澄弟《岳阳楼记》亦即托竹伯带回家中。

二月初四澄弟所发之信，三月十八接到。正月十六七之信，则至今未收到。据二月四日书云，前信着刘一送至省城，共二封，因欧阳家、邓星阶、曾厨子各有信云云。不知两次折弁何以未见带到？

温弟在省时，曾发一书与我，到家后未见一书，想亦在正月一封之中。此书遗失，我心终耿耿也。

温弟在省所发书，因闻澄弟之计，而我不为揭破，一时气忿，故语多激切不平之词。予正月复温弟一书，将前后所闻温弟之行，不得已禀告堂上，及澄弟、植弟不敢禀告而误用诡计之故一概揭破。温弟骤看此书，未免恨我，然兄弟之间，一言欺诈，终不可久。尽行揭破，虽目前嫌其太直，而日久终能相谅。

现在澄弟书来，言温弟鼎力办事，甚至一夜不寐，又不辞劳，又耐得烦云云。我闻之欢喜之至，感激之至。温弟天分本高，若能改去荡佚一路，归入勤俭一边，则兄弟之幸也，合家之福也。我待温弟，似乎近于严刻，然我自问此心，尚觉无愧于兄弟者，盖有说焉：

大凡做官的人，往往厚于妻子而薄于兄弟，私肥于一家而刻薄于亲戚族党。予自三十岁以来，即以做官发财为可耻，以官［宦］囊积金遗子孙为可羞可恨，故私心立誓，总不靠做官发财以遗后人。神明鉴临，予不食言，此时侍奉高堂，每年仅寄些须以为甘旨之佐。族戚中之穷者，亦即每年各分少许，以尽吾区区之意，盖即多寄家中，而堂上所食所衣亦不能因而加丰，与其独肥一家，使戚族因怨我而并恨堂上，何如分润戚族，使戚族戴我堂上之德而更加一番钦敬乎？

将来若作外官，禄入较丰，自誓除廉俸之外不取一钱。廉俸若日多，则周济亲戚族党者日广，断不畜除廉俸之外不取一钱积银钱为儿子衣食之需。盖儿子若贤，则不靠宦囊亦能自觅衣食；儿子若不肖，则多积一钱，渠将多造一孽，后来淫佚作恶，必且大玷家声。故立定此志，决不肯以做官发财，决不肯留银钱与后人。若禄入较丰，除堂上甘旨之外，尽以周济亲戚族党之穷者。此我之素志也。

至于兄弟之际，吾亦惟爱之以德，不欲爱之以姑息；教之以勤俭，劝之以习劳守朴，爱兄弟以德也；丰衣美食，俯仰如意，爱兄弟以姑息也。姑息之爱，使兄弟惰肢体，长骄气，将来丧德亏行。是即我率兄弟以不孝也，吾不敢也。我仕宦十余年，现在京寓所有惟书籍、衣服二者。衣服则当差者必不可少，书籍则我生平嗜好在此，是以二物略多。将来我罢官归家，我夫妇所有之衣服，则与五兄弟拈阄均分。我所办之书籍，则存贮利见斋中，兄弟及后辈皆不得私取一本。除此二者，予断不别存一物以为宦囊，一丝一粟不以自私。此又我待兄弟之素志也。恐温弟不能深谅我之心，故将我终身大规模告与诸弟，惟诸弟体察而深思焉。

去年所寄亲戚各项，不知果照单分送否？杜兰溪为我买《皇清经解》，不知植弟已由省城搬至家中否？

京寓一切平安。纪泽《书经》读至《冏命》。二儿甚肥大。易南穀开复原官，来京引见，闻左青士亦开复矣。同乡官京中者，诸皆如常。余不一一。

兄国藩手草

再者，九弟生子大喜，敬贺敬贺。自丙午冬葬祖妣大人于木兜冲之后，我家已添三男丁，我则升阁学，升侍郎，九弟则进学补廪。其地之吉，已有明效可验。我平日最不信风水，而于朱子所云“山环水抱”“藏风聚气”二语，则笃信之。木兜冲之地，予平日不以为然，而葬后乃吉祥如此，可见福人自葬福地，绝非可以人力参预其间。家中买地，若出重价，则断断可以不必；若数十千，则买一二处无碍。

宋湘宾去年回家，腊月始到。山西之馆既失，而湖北一带又一无所得。今年因常南陔之约重来湖北，而南陔已迁官陕西矣。命运之穷如此！去年曾有书寄温弟，兹亦付去，上二次忘付也。

李笔峰代馆一月，又在寓钞书一月，现在已搬出矣。毫无道理之人，究竟难于相处。庞省三在我家教书，光景甚好。邹墨林来京捐复教官，在元通观住，日日来我家闲谈。长沙老馆，我今年大加修整，人人皆以为好。

琐事兼述，诸惟心照。

字谕纪泽儿·出殡之事一切皆从俭约

（咸丰二年九月十八日）

字谕纪泽儿：

予自在太湖县闻讣后，于二十六日书家信一号，托陈岱云交安徽提塘寄京；二十七日写二号家信，托常南陔交湖北提塘寄京；二十八日发三号，交丁松亭转交江西提塘寄京，此三次信，皆命家眷赶紧出京之说也。八月十三日在湖北发家信第四号，十四日发第五号，二十六日到家后发家信第六号。此三次信皆言长沙被围，家眷不必出京之说也。不知皆已收到否？

余于二十三日到家，家中一切皆清吉，父亲大人乃叔父母以下皆平安。余癣疾自到家后日见痊愈。地方团练，我曾家人人皆习武艺，外姓亦多善打者，土匪决可无虞。粤匪之氛虽恶，我境僻处万山之中，不当孔道，亦断不受其蹂躏。现奉父亲大人之命，于九月十三日权厝先妣于下腰里屋后山内，俟明年寻有吉地再行改葬。所有出殡之事，一切皆从俭约，惟新做大杠，六十四人舁请，约费钱十余千，盖乡间木料甚贱也。请客约百余席，不用海菜，县城各官一概不请。神主即请父亲大人自点。

丁贵自二十七日已打发他去了，我在家并未带一仆人，盖居乡即全守乡间旧样子，不参半点官宦气习。丁贵自回益阳，至渠家住数日，仍回湖北为我搬取行李回家，与荆七二人同归。孙福系山东人，至湖南声音不通，即命渠由湖北回京，给渠盘缠十六两，想渠今冬可到京也。

尔奉尔母及诸弟妹在京，一切皆宜谨慎。目前不必出京，待长沙贼退后余有信来，再行收拾出京。兹寄去信稿一件，各省应发信单一件，亦可将信稿求袁姻伯或庞师照写一纸发刻。其各省应发信，仍求袁、毛、黎、黄、王、袁诸老位妥为寄去。余到家后，诸务丛集，各处不及再写信，前在湖北所发各处信，想已到矣。

十三日申刻，母亲大人发引，戌刻下肂。十二日早响鼓，巳刻开祭，共祭百余堂。十三日正酒一百九十席，前后客席甚多。十四日开口，客八人一席，共二百六十余席。诸事办得整齐。母亲即权厝于凹里屋后山内，十九日筑坟可毕。现在地方安静。闻长沙屡获胜仗，想近日即可解围，尔等回家，为期亦近矣。

罗劭农（芸皋之弟），至我家，求我家在京中略为分润渠兄。我家若有钱，或十两，或八两，可略分与芸皋用。不然，恐同县留京诸人有断炊之患也。书不能尽，余俟续示。

涤生手示

致诸弟·居家以勤劳为要

（咸丰五年八月二十七日）

澄侯、温甫、子植、季洪老弟足下：

十四日良五、彭四回家，寄去一信，谅已收到。

嗣罗山于十六日回剿武汉，霞仙亦即同去。近接武昌信息，知李鹤人于八月初二日败挫，金口陆营被贼踏毁。胡润芝中丞于初八日被贼踏破奓山陆营，南北两岸陆军皆溃，势已万不可支。幸水师尚足自立，杨、彭屯扎沌口。计罗山一军可于九月初旬抵鄂，或者尚有转机。即鄂事难遽旋转，而罗与杨、彭水陆依护，防御于岳鄂之间，亦必可固湘省北路之藩篱也。内湖水师，自初八日以后迄未开仗，日日操演。次青尚扎湖口，周凤山尚扎九江，俱属安谧。

葛十一于初八日在湖口阵亡，现在寻购尸首，尚未觅得，已奏请照千总例赐恤。将来若购得尸骸，当为之送柩回里。如不可觅，亦必醵金寄恤其家。此君今年大病数月，甫经痊愈，尚未复元，即行出队开仗。人劝之勿出，坚不肯听，卒以力战捐躯，良可伤悯。可先告知其家也。去年腊月二十五夜之役，监印官潘兆奎与文生葛荣册（即元五）同坐一船，均报阵亡，已入奏请恤矣。顷潘兆奎竟回至江西，云是夜遇渔舟捞救得生，则葛元五或尚未死，亦未可知，不知其家人中有音耗否？

余癣疾稍愈，今年七八两月最甚，为数年之第一次。连子字都对了。近日诸事废弛，故得略痊。余俟续布，顺问近好。

兄国藩草于南康军中

禀父亲·居家之道不可有余财

（咸丰五年八月二十七日）

父亲大人前跪禀万福金安，叔父大人前敬请福安：

甲三、甲五等兄弟，总以习劳苦为第一要义。生当乱世，居家之道，不可有余财，多财则终为患害。又不可过于安逸偷惰。如由新宅至老宅，必宜常常走路，不可坐轿骑马。又常常登山，亦可以练习筋骸。仕宦之家，不蓄积银钱，使子弟自觉一无可恃，一日不勤，则将有饥寒之患，则子弟渐渐勤劳，知谋所以自立矣。

再，父亲大人于初九日大寿，此信到日，恐已在十二以后。余二十年来，仅在家拜寿一次。游子远离，日月如梭，喜惧之怀，寸心惴惴。又十一月初三日为母亲大人七旬一冥寿，欲设为道场，殊非儒者事亲之道；欲开筵觞客，又乏哀痛未忘之意。兹幸沅弟得进一阶，母亲必含笑于九京。优贡匾额，可于初三日悬挂。祭礼须极丰腆，即以祭余宴客可也。

我家挂匾，俱不讲究。如举人即用横匾“文魁”二字，进士即用横匾“进士”二字，翰林即用直匾“翰林第”（或用院字）三字，诰封用直匾“诰封光禄大夫”等字，优贡即用横匾“优贡”二字。如礼部侍郎不可用匾，盖官阶所历无定也。前此用“进士及第”直匾亦属未妥。

昨接上谕，补兵部右侍郎缺。此缺二十九年八月曾署理一次，日内当具折谢恩。

澄侯弟在县何日归家？办理外事，实不易易，徒讨烦恼。诸弟在家，吾意以不干预县府公事为妥，望细心察之。

即问近好。

国藩再具

致诸弟·宜和睦尽孝道

（咸丰八年十一月二十三日）

澄侯、沅甫、季洪老弟左右：

十三日专吉字营勇送信至家，十七日接澄弟初二日信，十八日接澄弟初五日信，敬悉一切。三河败挫之信，初五日家中尚无确耗，且县城之内毫无所闻，亦极奇矣！

九弟于二十二日在湖口发信，至今未再接信，实深悬系。幸接希庵信，言九弟至汉口后有书与渠，且专人至桐城、三河访寻下落。余始知沅甫弟安抵汉口，而久无来信，则不解何故。岂余近日别有过失，沅弟心不以为然耶？当此初闻三河凶报、手足急难之际，即有微失，亦当将皖中各事详细示我。

今年四月，刘昌储在我家请乩。乩初到，即判曰："贼得偃武修文，得闲字(字谜败字)。"余方讶败字不知何指，乩判曰："为九江言之也，不可喜也。"余又讶九江初克，气机正盛，不知何所为而云。然乩又判曰："为天下，即为曾宅言之。"由今观之，三河之挫，六弟之变，正与"不可喜也"四字相应，岂非数皆前定耶？

然祸福由天主之，善恶由人主之。由天主者，无可如何，只得听之；由人主者，尽得一分算一分，撑得一日算一日。吾兄弟断不可不洗心涤虑，以求力挽家运。第一，贵兄弟和睦。去年兄弟不和，以致今冬三河之变。嗣后兄弟当以去年为戒。凡吾有过失，澄、沅、洪三弟各进箴规之言，余必力为惩改，三弟有过，亦当互相箴规而惩改之。第二，贵体孝道。推祖父母之爱以爱叔父，推父母之爱以爱温弟之妻妾儿女及兰、蕙二家。又，父母坟域必须改葬。请沅弟作主，澄弟不可过执。第三，要实行勤俭二字。内间妯娌不可多写铺张。后辈诸儿须走路，不可坐轿骑马。诸女莫太懒，宜学烧茶煮菜。书、蔬、鱼、猪，一家之生气；少睡多做，一人之生气。勤者生动之气，俭者收敛之气。有此二字，家运断无不兴之理。余去年在家，未将此二字切实做工夫，至今愧恨，是以谆谆言之。余详日记中，不赘。

致诸弟·乱世居华屋广厦非所宜

（咸丰九年元旦）

澄侯、沅甫、季洪三弟左右：

十二月二十三日接澄、沅初十、十一日信，除夕又接十六日信，敬悉叔父大人体气渐好，不致成中痰之症，如天之福，至幸至幸！

两弟缄中所言各事，兹分条列复如左[①]：

一、先考妣改葬事决不可缓。余二年、七年在家主持葬事，办理草草，去冬今春又未能设法改葬，为人子者第一大端，问心有疚，何以为人？何以为子？总求沅弟为主，速行改葬，澄弟、洪弟帮同办理，为我补过。至要至祷！洪夏争地，果可用否？吾不得知。兹亲笔写二信与洪、罗二处，以冀或有所成。

一、张凯章于十八日至景德镇附近地方，十九日分两路进。王(钤峰)、吴走西路，凯章走东路。王、吴挫败，义营亡百人，吉左营九人，副湘营三十七人，营务处十二人。在行仗则已为大伤，幸凯章全军未与其事。现尚扎崖角岭，去景德镇二十余里，势颇岌岌。兹札调朱南桂、朱惟堂飞速来军，望即专人送去。又王人树一信亦速送去。篆岑信，弟阅后封寄。

一、季弟决计出外，不知果向何处？今日办事之人，惟胡润之、左季高可与共事。此外皆若明若昧，时信时疑，非季弟所能俯仰迁就也。沅弟宜再三开导，令季弟择人而事，不可草草。或沅、季同来吾营，商定后再赴他处亦可。

一、沅弟所画屋样，余已批出。若作三代祠堂，则规模不妨闳大；若另起祠堂于雷家湾，而此仅作住屋，则不宜太宏丽。盖吾邑带勇诸公，置田起屋者甚少，峙衡家起屋亦乡间结构耳。我家若太修造壮丽，则沅弟必为众人所指摘，且乱世而居华屋广厦，尤非所宜。望沅弟慎之慎之，再四思之。祠堂样子，余亦画一个付回，以备采择。

一、科一喉痛，系先天火亏之症，宜服参茸姜附等药，庶可一劳永逸，切不可服凉药，千万记之。余不一一，顺问近好。

兄国藩手草

【注释】

① 原稿采用竖排，故为“左”，现改为横排，应为“下”。下同。

致诸弟·悼叔父

（咸丰十年二月初八日）

澄侯、沅甫两弟左右：

初五日接来信，痛悉叔父大人于十九日戌刻弃世，哀痛曷极！自八年十一月闻温弟之耗，叔父即说话不圆，已虞其以忧伤生。叔父生平外面虽处顺境，而暗中却极郁抑，思之伤心。应复各事，条列如左：

一、余请陈作梅先生赴湘乡看地，请阳牧云陪之。二月中旬自宿松起行，三月初可至家。叔父葬地如已寻地，可候作梅来定葬期，或在三月之杪，或闰三月可也。

一、叔父生平最好体面，此次一切从丰，两弟自有权衡。六十四人大舆、诰封亭二事必不可少。丧礼以哀为主，丧次以肃静为主。丁未年于此二者未能讲求，至今愧恨，望两弟留意。

一、余于闻叔讣之第二日进公馆设位成服，拟素食七日，素服十四日，仍行撤灵入营。季弟拟请假回籍，余信嘱其来宿松灵前行礼，早来迟来现尚未定。

一、沅弟言及朱惟堂一事。此人余不深知，但闻尧阶与季高赞之，人树、凯章亦颇称之。余屡札朱南桂、惟堂来，而至今杳然，未接沅弟信之前三日尚办一札去也，此后决不再札矣。尧阶又荐朱贤来，云可当营官，则欺我之言耳。近来细看尧阶之言多不可信。往岁余托尧觅父母葬地，其后全不留心。此人虽系至亲，似宜疏而不宜密。

一、沅弟言新大夫第不敢再求惬意，自是知足之言，但湿气一层不可不详察。若湿气太重，人或受之则易伤脾。凡屋高而天井小者，风难入，日亦难入，必须设法祛散湿气，乃不生病。至嘱至嘱。余俟作梅兄赴湘详布。顺问近好。

致四弟·以八字诀为治家之道

（咸丰十年闰三月二十九日）

澄侯四弟左右：

二十七日刘得四来，接弟十三日信，欣悉各宅平安，沅弟是日申刻到，又得详问一切，敬知叔父临终毫无抑郁之情，至为慰念。

余与沅弟论治家之道，一切以星冈公为法，大约有八个字诀。其四字即上年所称书、蔬、鱼、猪也，又四字则曰早、扫、考、宝。早者，起早也；扫者，扫屋也；考者，祖先祭祀，敬奉显考、王考、曾祖考，言考而妣可该也；宝者，亲族邻里，时时周旋，贺喜吊丧，问疾济急，星冈公常曰人待人无价之宝也。星冈公生平于此数端最为认真。故余戏述为八字诀曰：书、蔬、鱼、猪、早、扫、考、宝也。此言虽涉谐谑，而拟即写屏上，以祝贤弟夫妇寿辰，使后世子孙知吾兄弟家教，亦知吾兄弟风趣也。

弟以为然否？顺问近好。

国藩手草

致诸弟·时以子侄辈骄傲为虑

（咸丰十年十月初四夜）

沅、季弟左右：

朱祖贵来，接沅弟信，强中营勇回，接沅、季二信，皆二十五六日所发。自二十七日以后，弟处发信，想皆因中途有警折回矣。日内不知北岸贼情何如，至为系念。

此间，鲍、张初二初三并未开仗，唐桂生赴祁、建交界之区，亦未见贼也。季弟赐纪泽途费太多。余给以二百金，实不为少。余在京十四年，从未得人二百金之赠，余亦未尝以此数赠人，虽由余交游太寡，而物力艰难亦可概见。余家后辈子弟，全未见过艰苦模样，眼孔大，口气大，呼奴喝婢，习惯自然，骄傲之气入于膏肓而不自觉，吾深以为虑。前函以傲字箴规两弟，两弟不深信，犹能自省自惕，若以傲字告诫子侄，则全然不解。盖自出世以来，只做过大，并未做过小，故一切茫然，不似两弟做过小，吃过苦也。

字谕纪泽、纪鸿儿·治家以不晏起为本

（咸丰十一年三月十三日）

字谕纪泽、纪鸿儿：

接二月二十三日信，知家中五宅平安，甚慰甚慰。

余以初三日至休宁县，即闻景德镇失守之信。初四日写家书，托九叔处寄湘，即言此间局势危急，恐难支持，然犹意力攻徽州，或可得手，即是一条生路。初五日进攻，强中、湘前等营在西门挫败一次。十二日再行进攻，未能诱贼出仗。是夜二更，贼匪偷营劫村，强中、湘前等营大溃。凡去二十二营，其挫败者八营（强中三营、老湘三营、湘前一、震字一），其幸而完全无恙者十四营（老湘六、霆三、礼二、亲兵一、峰二），与咸丰四年十二月十二夜贼偷湖口水营情形相仿。此将未挫之营较多，以寻常兵事言之，此尚为小挫，不甚伤元气。目下值局势万紧之际。四面梗塞，接济已断，加此一挫，军心尤大震动。所盼望者，左军能破景德镇、乐平之贼，鲍军能从湖口迅速来援，事或略有转机，否则不堪设想矣。

余自从军以来，即怀见危授命之志。丁戊年在家抱病，常恐溘逝牖下，渝我初志，失信于世。起复再出，意尤坚定。此次若遂不测，毫无牵恋。自念贫窭无知，官至一品，寿逾五十，薄有浮名，兼秉兵权，忝窃万分，夫复何憾！惟古文与诗，二者用力颇深，探索颇苦，而未能介然用之，独辟康庄。古文尤确有依据，若遽先朝露，则寸心所得，遂成广陵之散。作字用功最浅，而近年亦略有入处。三者一无所成，不无耿耿。至行军本非余所长，兵贵奇而余太平，兵贵诈而余太直，岂能办此滔天之贼？即前此屡有克捷，已为侥幸，出于非望矣。尔等长大之后，切不可涉历兵间，此事难于见功，易于造孽，尤易于诒万世口实。余久处行间，日日如坐针毡，所差不负吾心，不负所学者，未尝须臾忘爱民之意耳。近来阅历愈多，深谙督师之苦。尔曹惟当一意读书，不可从军，亦不必作官。

吾教子弟不离八本、三致祥。八者曰：读古书以训诂为本，作诗文以声调为本，养亲以得欢心为本，养生以少恼怒为本，立身以不妄语为本，治家以不晏起为本，居官以不要钱为本，行军以不扰民为本。三者曰：孝致祥，勤致祥，恕致祥。吾父竹亭公之教人，则专重孝字。其少壮敬亲，暮年爱亲，出于至诚，故吾纂墓志，仅叙一事。吾祖星冈公之教人，则有八字，三不信。八者曰：考、宝、早、扫、书、蔬、鱼、猪。三者，曰僧巫，曰地师，曰医药，皆不信也。处兹乱世，银钱愈少，则愈可免祸；用度愈省，则愈可养福。尔兄弟奉母，除劳字俭字之外，别无安身之法。吾当军事极危，辄将此二字叮嘱一遍，此外亦别无遗训之语，尔可禀告诸叔及尔母无忘。

字谕纪泽儿·函慰儿为家常琐事之劳

（同治元年三月十四日）

字谕纪泽儿：

三月十三日接尔二月二十四日安禀并澄叔信，俱悉五宅平安。尔至葛家送亲后，又须至浏阳送陈婿夫妇，又须赶回黄宅送亲，又须接办罗氏女喜事。今年春夏，尔在家中，比余在营更忙。然古今文人学人，莫不有家常琐事之劳，其身莫不有世态冷暖之撄其心。尔现当家门鼎盛之时，炎凉之状不接于目，衣食之谋不萦于怀，虽奔走烦劳，犹远胜于寒士困苦之境也。尔母咳嗽不止，其病当在肺家。兹寄去好参四钱五分、高丽参半斤，好者如试之有效，当托人到京再买也。余近久不吃丸药，每月两逢节气，服归脾汤三剂。迩来渴睡甚多，不知是好是歹。

军事平安。鲍公于初七日在铜陵获一大胜仗。少荃坐火轮船于初八日赴上海，其所部六千五百人当陆续载去。希庵所派救颍州之兵，颍郡于初五日解围。第三女于四月二十二日于归罗家，兹寄去银二百五十两查收。余不详，即呈澄叔一阅。此嘱。

涤生手示

理财篇

禀祖父·请给族人以资助

（道光二十一年四月十七日）

祖父大人万福金安：

四月十一日由折差发第六号家信，十六日折弁又到。孙男等平安如常，孙妇亦起居维慎。曾孙数日内添吃粥一顿，因母乳日少，饭食难喂，每日两饭一粥。今年散馆，湖南三人皆留。全单内共留五十二人，仅三人改部属，三人改知县。翰林衙门现已多至百四五十人，可谓极盛。

琦善已于十四日押解到京，奉上谕派亲王三人、郡王一人、军机大臣、大学士、六部尚书会同审讯，现未定案。

梅霖生同年因去岁咳嗽未愈，日内颇患咯血。同乡各京官宅皆如故。

澄侯弟三月初四在县城发信已经收到。正月二十五信至今未接。兰姊以何时分娩？是男是女？伏望下次示知。

楚善八叔事，不知去冬是何光景？如绝无解危之处，则二伯祖母将穷迫难堪，竟希公之后人将见笑于乡里矣。孙国藩去冬已写信求东阳叔祖兄弟，不知有补益否？此事全求祖父大人作主。如能救焚拯溺，何难嘘枯回生[①]。

伏念祖父平日积德累仁，救难济急，孙所知者已难指数。如廖品一之孤，上莲叔之妻，彭定五之子，福益叔祖之母及小罗巷、樟树堂各庵，皆代为筹画，曲加矜恤。凡他人所束手无策，计无复之者，得祖父善为调停，旋乾转坤，无不立即解危，而况楚善八叔同胞之亲、万难之时乎？

孙因念及家事，四千里外杳无消息，不知同堂诸叔目前光景。又念家中此时亦甚艰窘，辄敢冒昧饶舌，伏求祖父大人宽宥无知之罪。楚善叔事如有说法之处，望详细寄信来京。

兹逢折便，敬禀一二，即跪叩祖母大人万福金安。

【注释】

① 嘘枯回生：比喻将死之人有望起死回生。

禀祖父·述告在京无生计

（道光二十一年六月初七日）

孙男国藩跪禀祖父大人万福金安：

五月十八日孙在京发第八号家信，内有六弟文二篇，广东事抄报一纸，本年殿试朝考单一纸，寄四弟、六弟新旧信二封，绢写格言一幅，孙国荃寄呈文四篇、诗十首、字一纸，呈堂上禀三纸，寄四弟信一封，不审已收到否？

六月初五日接家信一封，系四弟四月初十日在省城发，得悉一切，不胜欣慰。

孙国藩日内身体平安。国荃于二十三日微受暑热，服药一帖，次日即愈；初三日复患腹泻，服药二帖即愈。曾孙甲三于二十三日腹泻不止，比请郑小珊诊治，次日添请吴竹如，皆云系脾虚而兼受暑气，三日内服药六贴，亦无大效。二十六日添请本京王医，专服凉药，渐次平复。初一二两日未吃药，刻下病已全好，惟脾元尚亏，体尚未复，孙等自知细心调理。观其行走如常，饮食如常，不吃药即可复体，堂上不必挂念。冢孙妇身体亦好。婢仆如旧。

同乡梅霖生病，于五月中旬日日加重，十八日上床，二十五日子时仙逝。胡云阁先生亦同日同时同刻仙逝。梅霖生身后一切事宜，系陈岱云、黎月乔与孙三人料理。戊戌同年赙仪共五百两，吴甄甫夫子（戊戌总裁）进京赙赠百两，将来一概共可张罗千余金。计京中用费及灵柩回南途费，不过用四百金，其余尚可周恤遗孤。

自五月下旬以至六月初，诸事殷繁，荃孙亦未得读书。六弟前寄文来京，尚有三篇孙未暇改。

广东事已成功，由军功升官及戴花翎、蓝翎者共二百余人。将上谕抄回前半节，其后半载升官人名，未及全抄。

昨接家信，始知楚善八叔竹山湾田已于去冬归祖父大人承买。八叔之家稍安，而我家更窘迫，不知祖父如何调停？去冬今年如何说法？望于家信内详示。

孙等在京别无生计，大约冬初即须借账，不能备仰事之资寄回，不胜愧悚[①]。吴春冈分发浙江，告假由江南回家，七月初起程。余容续禀，即禀祖父祖母大人万福金安。

孙跪禀

【注释】

① 愧悚：羞愧。

禀祖父·述京中窘迫状

（道光二十一年六月二十九日）

孙男国藩跪禀祖父大人万福金安：

六月初七日发家信第九号，二十九日早接丹阁十叔信，系正月二十八日发，始知祖父大人于二月间体气违和，三月已痊愈，至今康健如常，家中老幼均吉，不胜欣幸。

四弟于五月初九寄信物于彭山屺处，至今尚未到，大约七月可到。丹阁叔信内言，去年楚善叔田业卖与我家承管，其中曲折甚多。添梓坪借钱三百四十千，其实只三百千，外四十千系丹阁叔兄弟代出。丹阁叔因我家景况艰窘，勉强代楚善叔解危，将来受累不浅。故所代出之四十千，自去冬至今，不敢向我家明言，不特不敢明告祖父，即父亲、叔父之前，渠亦不敢直说。盖事前说出，则事必不成；不成，则楚善叔逼迫无路，二伯祖母奉养必阙[1]，而本房日见凋败，终无安静之日矣。事后说出，则我家既受其累，又受其欺，祖父大人必怒，渠更无辞可对，无地自容，故将此事写信告知孙男，托孙原其不得已之故，转禀告祖父大人。现在家中艰难，渠所代出之四十千，想无钱可以付渠。八月心斋兄南旋，孙拟在京借银数十两，付回家中，归楚此项，大约须腊底可到，因心斋兄走江南回故也。

孙此刻在京，光景渐窘。然当京官者，大半皆东扯西支，从无充裕之时，亦从无冻饿之时，家中不必系怀。孙现经管长郡会馆事，公项存件亦已无几。孙日内身体如恒，九弟亦好。甲三自五月二十三日起病，至今虽痊愈，然十分之中，尚有一二分未尽复旧。刻下每日吃炒米粥二餐，泡冻米吃二次。乳已全无，而伊亦要吃。据医云此等乳最不养人，因其夜哭甚，不能遽断乳。从前发热烦躁，夜卧不安，食物不化，及一切诸患，此时皆已去尽，日日嬉笑好吃。现在尚服补脾之药，大约再服四五帖，本体全复，即可不药。孙妇亦感冒三天，郑小珊云“服凉药后，须略吃安胎药”，目下亦健爽如常。

甲三病时，孙妇曾于五月二十五日，跪许装修家中观世音菩萨金身，伏求家中今年酬愿。又言西冲有寿佛神像，祖母曾叩许装修，亦系为甲三而许，亦求今年酬谢了愿。

梅霖生身后事，办理颇如意，其子可于七月扶榇回南。同乡各官如常。家中若有信来，望将王率五家光景写明。肃此，谨禀祖父母大人万福金安。

【注释】

① 阙：通“缺”。

禀父亲·筹划归还借款

（道光二十一年八月初三日）

男国藩跪禀父亲大人万福金安：

五月十八日发家信第八号，知家中已经收到。六月初七发第九号，内有男呈祖父禀一件，国荃寄四弟信一件；七月初二发第十号，内有黄芽白菜子，不知俱已收到否？

男等接得父亲归途三次信，一系河间二十里铺发，一汴梁城发，一武昌发，又长沙发信亦收到。六月二十九接丹阁叔信。七月初九彭山屺到京，接到四弟在省所寄《经世文编》一部，慎诒堂《四书》、《周易》各一部，小皮箱三口，有布套龙鬚［须］草席一床，信一件，又叔父手书，得悉一切：谱已修好，楚善叔事已有成局，彭山屺处兑钱四十千文；外楚善叔信一件，岳父信一件。七月二十七日接到家信二件：一系五月十五在家写，一系六月二十七在省写；外欧阳牧云信一，曾香海信一，心斋家信二，荆七信一，俱收到。

彭山屺进京，道上为雨泥所苦，又值黄河水涨，渡河时大费力，行李衣服皆湿。惟男所寄书，渠收贮箱内，全无潮损，真可感也。到京又以腊肉、莲、茶送男。渠于初九晚到，男于十三日请酒。

十六日将四十千钱交楚。渠于十八日赁住黑市，离城十八里，系武会试进场之地，男必去送考。

男在京身体平安，国荃亦如常。男妇于六月二十三四感冒，服药数帖全愈，又服安胎药数帖。孙纪泽自病全愈后，又服补剂十余帖，辰下体已复元。每日行走欢呼，虽不能言，已无所不知，食粥一大碗，不食零物。仆婢皆如常。

周贵已荐随陈云心回南，其人蠢而负恩。萧祥已跟别人，男见其老成，加钱呼之复来。

男目下光景渐窘，恰有俸银接续，冬下又望外官例寄炭资，今年尚可勉强支持，至明年则更难筹画。借钱之难，京城与家乡相仿，但不勒追强逼耳。

前次寄信回家，言添梓坪借项内，松轩叔兄弟实代出钱四十千，男可寄银回家，完清此项。近因完彭山屺项，又移徙房屋，用钱日多，恐难再付银回家。

男现看定屋在绳匠胡同北头路东，准于八月初六日迁居（初二日已搬一香案去，取吉日也）。棉花六条胡同之屋，王翰城言冬间极不吉，且言重庆下者不宜住三面悬空之屋，故遂迁移绳匠胡同房，每月大钱十千，收拾又须十余千。心斋借男银已全楚。渠家中付来银五百五十两，又有各项出息，渠言尚须借银出京，不知信否。

广东事前已平息，近又传闻异辞。参赞大臣隆文已病死，杨芳已告病回湖南。七月间，又奉旨派参赞大臣特依顺往广东查办。八月初一日，又奉旨派玉明往天津，哈哴阿往山海关。

黄河于六月十四日开口，汴梁四面水围，幸不淹城。七月十六日奉旨派王鼎、慧成往河南查办，现闻泛溢千里，恐其直注洪泽湖。又闻将开捐名“豫工”，例办河南工程也。

男已于七月留髯［须］。楚善叔有信寄男，系四月写，备言其苦。近闻衡阳田已卖，应可勉强度日。戊戌冬所借十千二百，男曾言帮他。曾禀告叔父，未禀祖父大人，是男之罪，非渠之过。其余细微曲折，时成时否，时朋买，时独买，叔父信不甚详明，楚善叔信甚详，男不敢尽信。总之，渠但免债主追逼，即是好处。第目前无屋可住，不知何处安身？若万一老亲幼子栖托无所，则流离四徙，尤可怜悯。以男愚见，可仍使渠住近处，断不可住衡阳，求祖父大人代渠谋一安居。若有余赀①，则佃田耕作。又求父亲寄信问朱尧阶，备言楚善光景之苦与男关注之切，问渠所管产业可佃与楚善耕否？渠若允从，则男另有信求尧阶，租谷须格外从轻。但路太远，至少亦须耕六十亩，方可了吃。尧阶寿屏，托心斋带回。

严丽生在湘乡不理公事，簠簋不饬②，声名狼藉。如查有真实劣迹，或有上案，不妨抄录付京，因有御史在男处查访也，但须机密。

四弟、六弟考试不知如何？得不足喜，失不足忧，总以发愤读书为主。史宜日日看，不可间断。九弟阅《易知录》，现已看至隋朝。温经须先穷一经，一经通后，再治他经，切不可兼营并骛，一无所得。厚二总以书熟为主，每日读诗一首。

右谨禀父母亲大人万福金安。

【注释】

① 赀：通“资”。

② 簠簋(fǔ guǐ)不饬：簠，古代盛谷物的方形器具。簋，古代盛食物的圆形器具。饬，整治，整顿。这里指不整理食具，形容为官不廉洁。

禀父母·借银寄回家用

（道光二十一年八月十七日）

男国藩跪禀父母亲大人万福金安：

八月初三日，男发家信第十一号，信甚长，不审已收到否？十四日接家信，内有父亲、叔父并丹阁叔信各一件，得悉丹阁叔入泮，且堂上各大人康健，不胜欣幸。

男于八月初六日移寓绳匠胡同北头路东，屋甚好，共十八间，每月房租京钱二十千文。前在棉花胡同，房甚逼仄，此时房屋爽垲[①]，气象轩敞。男与九弟言，恨不能接堂上各大人来京住此。

男身体平安，九弟亦如常，前不过小恙，两日即愈，未服补剂。甲三自病体复元后，日见肥胖，每日欢呼趋走，精神不倦。冢妇亦如恒。九弟《礼记》读完，现读《周礼》。

心斋兄于八月十六日，男向渠借银四十千付至家用。渠允于到湘乡时，送银二十八两，交勤七叔处转交男家，且言万不致误。男订待渠到京日偿还其银，若到家中，不必还他。又男寄有冬菜一篓、朱尧阶寿屏一付，在心斋处。冬菜托交勤七叔送至家，寿屏托交朱啸山转寄香海处，月内准有信去。王睢园处，去冬有信去，至今无回信，殊不可解。颜字不宜写白折，男拟改临褚、柳。

去年跪托叔父大人之事，承已代觅一具，感戴之至，泥首万拜。若得再觅一具，即于今冬明春办就更妙。敬谢叔父，另有信一函。在京一切，自知谨慎。

男跪禀

【注释】

① 爽垲：清爽干燥。

禀父母·在外借债过年

（道光二十一年十二月二十一日）

男国藩跪禀父母亲大人万福金安：

十一月十八男有信寄呈，写十五日生女事，不知到否？昨十二月十七日奉到手谕，知家中百凡顺遂，不胜欣幸。

男等在京，身体平安，孙男孙女皆好，现在共用四人，荆七专抱孙男，以春梅事多，不能兼顾也。孙男每日清早与男同起，即送出外，夜始接归上房。孙女满月，有客一席。

九弟读书，近有李碧峰同居，较有乐趣。男精神不甚好，不能勤教，亦不督责。每日兄弟语笑欢娱，萧然自乐，而九弟似有进境，兹将昨日课文原稿呈上。

男今年过年，除用去会馆房租六十千外，又借银五十两。前日冀望外间或有炭资之赠，今冬乃绝无此项。闻今年家中可尽完旧债，是男在外有负累，而家无负累，此最可喜之事。岱云则南北负累，时常忧贫。然其人忠信笃敬[①]，见信于人，亦无窘迫之时。

同乡京官俞岱青先生告假，拟明年春初出京，男有干鹿肉托渠带回。杜兰溪、周华甫皆拟送家眷出京。岱云约男同送家眷，男不肯送，渠谋亦中止。

彭山屺出京，男为代借五十金，昨已如数付来。心斋临行时，约送银二十八两至勤七叔处转交我家，不知能践言否？

嗣后家中信来，四弟、六弟各写数行，能写长信更好。

男谨禀

【注释】

① 忠信笃敬：指忠诚可信，笃厚可敬。

禀父亲·家中费用窘迫

（道光二十二年正月初七日）

男国藩、荃跪禀父亲大人万福金安：

去年十二月二十一日，发平安信第十七号，内呈家中信六件，寄外人信九件，不知已收到否?

男与九弟身体清吉，冢妇亦平安。孙男甲三体好，每日吃粥两顿，不吃零星饮食，去冬已能讲话，孙女亦体好，乳食最多。合寓顺适。

今年新正[①]，景象阳和，较去年正月甚为暖烘。兹因俞岱青先生南回，付鹿脯一方，以为堂上大人甘旨之需。鹿肉恐难寄远，故熏腊附回。此间现熏有腊肉、猪舌、猪心、腊鱼之类，与家中无异，如有便附物来京，望附茶叶、大布而已。茶叶须托朱尧阶清明时在永丰买，则其价亦廉，茶叶亦好。家中之布附至此间，为用甚大，但家中费用窘迫，无钱办此耳。

同县李碧峰苦不堪言，男代为张罗，已觅得馆，每月学俸银三两。在男处将住三月，所费无几，而彼则感激难名。馆地现尚未定，大约可成。

在京一切，自知谨慎。即请父母亲大人万福金安。

【注释】

① 新正：指新春正月。

禀祖父母·要叔父教训诸弟以管家事

（道光二十二年四月二十七日）

孙男国藩跪禀祖父母亲大人万福金安：

三月十一日发家信第四号，四月初十、二十三发第五号、第六号，后两号皆寄省城陈家。因寄有银、参、笔、帖等物，待诸弟晋省时，当面去接。四月二十一日接壬寅第二号家信，内祖父、父亲、叔父手书各一，两弟信并诗文俱收。伏读祖父手谕，字迹与早年相同，知精神较健，家中老幼平安，不胜欣幸。游子在外，最重惟平安二字。

承叔父代办寿具，兄弟感恩，何以图报！湘潭带漆，必须多带。此物难辨真假，不可邀人去同买，反有奸弊①。在省考试时，与朋友问看漆之法，多问则必能知一二。若临买时，向纸行邀人同去，则必吃亏。如不知看漆之法，则今年不必买太多，待明年讲究熟习，再买不迟，今年添［漆］新寿具之时，祖父母寿具必须加漆。以后每年加添［漆］一次。四具同加，约计每年漆钱多少，写信来京，孙付至省城甚易，此事万不可从俭。子孙所为报恩之处，惟此最为切实，其余皆虚文也。孙意总以厚漆为主，由一层以加至数十层，愈厚愈坚。不必多用瓷灰、夏布等物，恐其与漆不相胶粘，历久而脱壳也。然此事孙未尝经历讲究，不知如何而后尽善。家中如何办法，望四弟详细写信告知，更望叔父教训诸弟经理。

家心斋兄去年临行时，言到县即送银二十八两至我家。孙因十叔所代之钱，恐家中年底难办，故向心斋通挪②，因渠曾挪过孙的。今渠既未送来，则不必向渠借也。家中目下敷用不缺，此孙所第一放心者。孙在京已借银二百两，此地通挪甚易，故不甚窘迫，恐不能顾家耳。

曾孙姊妹二人体甚好，四月二十三日已种牛痘。牛痘万无一失，系广东京官设局济活贫家婴儿，不取一钱。兹附回种法一张，敬呈慈览。湘潭、长沙皆有牛痘公局，可惜乡间无人知之。

英夷去年攻占浙江宁波府及定海、镇海两县，今年退出宁波，攻占乍浦，极可痛恨。京城人心安静如无事时，想不日可殄灭也。

孙谨禀

【注释】

① 奸弊：奸诈的弊病。

② 通挪：互相挪借钱财。

禀父母·优待仓实为有因

（道光二十四年六月二十三日）

男国藩跪禀父母亲大人万福金安：

五月十二日，男发第六号信，其信甚厚。内有寄欧阳小岑、黄仙垣、梁菉庄三处货物单。此刻三人想俱到省，不审已照单查收否？

男及男妇身体清吉。孙儿亦好，六月十七日《三字经》读完，十八日读《尔雅》起。二孙女皆好。冯树堂、郭筠仙皆在寓如常。王率五妹夫于五月二十三日到京，其从弟仕四同来。二人在湘潭支钱十千，在长沙搭船，四月十二日至汉口。在汉口杉牌敞内住十天。二十二在汉口起身，步行至京，道上备尝辛苦。幸天气最好，一路无雨无风，平安到京。在道上仅伤风两日，服药二帖而愈。到京又服凉药二帖，补药三帖，现在精神全好。初到京时，遍身衣裤鞋袜皆坏，件件临时新制，而率五仍不知艰苦。京城实无位置他处，只得暂留男寓，待有便即令他回家。男自调停妥当，家中不必挂心，蕙妹亦不必着急。至于仕四，目前尚在男寓吃饭。待一月既满，如有朋友回南，则荐仕四作仆人带归；如无便可荐，则亦只得麾之出门，不能长留男寓也。湖北主考仓少平系男同年相好，男托仓带仕四到湖北。仓七月初一出京，男给仕四钱约六千，即可安乐到家。本不欲优待他，然不如此，则渠必流落京城，终恐为男之累，不如早打发他回为妥。

祖父大人于四月鼻血多出，男闻不胜惶恐。闻率五说祖父近日不吃酒，不甚健步，不知究竟何如？万求一一详示。叔父病势似不轻，男尤挂心，务求将病症开示。男教习庶吉士，五月十八日上学，门生六人。二十日蒙皇上御勤政殿召见，天语垂问及男奏对，约共六七十句。今年考差只剩河南、山东、山西三省，大约男已无望。男今年甚怕放差，盖因去年男妇生产是踏花生，今年恐走旧路，出门难以放心；且去年途中之病，至今心悸。

男日来应酬已少，读书如故。寓中用度浩繁，共二十口吃饭，实为可怕。居家保身一切，男知谨慎，大人不必挂念。

男谨禀

致诸弟·取款及托带银

（道光二十五年三月初五日）

四位老弟足下：

二月有折差到京，余因眼蒙，故未写信。三月初三接到正月二十四所发家信，无事不详悉，忻喜之至。此次眼尚微红，不敢多作字，故未另禀堂上，一切详此书中，烦弟等代禀告焉。

去年所寄银，余有分馈亲族之意。厥后[①]屡次信问，总未详明示悉。顷奉父亲示谕，云皆已周到，酌量减半。然以余所闻，亦有过于半者，亦有不及一半者。下次信来，务求九弟开一单告我为幸。

受恬之钱，既专使去取，余又有京信去，想必可以取回，则可以还江岷山、东海之项矣。岷山、东海之银，本有利息，余拟送他高丽参共半斤，挂屏、对联各一付，或者可少减利钱，待公车归时带回。父亲手谕，要寄银百两回家，亦待公车带回。有此一项，则可以还率五之钱矣。

率五想已到家，渠是好体面之人，不必时时责备他，惟以体面待他，渠亦自然学好。兰姊买田，可喜之至。惟与人同居，小事要看松些，不可在在讨人恼。

欧阳牧云要与我重订婚姻，我非不愿，但渠与其妹是同胞所生，兄妹之子女，犹然骨肉也。古者婚姻之道，所以厚别也，故同姓不婚。中表为婚，此俗礼之大失。譬如嫁女而号泣，奠礼而三献，丧事而用乐，此皆俗礼之失，我辈不可不力辨之。四弟以此义告牧云，吾徐当作信复告也。

罗芸皋于二月十八日到京，路上备尝辛苦，为从来进京者所未有，于二十七日在圆明园正大光明殿补行复试。湖南补复试者四人。余在园送考，四人皆平安，感余之情。今年新科复试，正场取一等三十七人，二三等人数甚多。四等十三人，罚停会试二科。补复者一等十人，二三等共百六十人。四等五人，亦罚停二科。立法之初，无革职者，可谓宽大。湘乡共到十人。邓铁松因病不能进场。渠吐血是老病，或者可保无虞。

芸皋所带小菜、布匹、茶叶俱已收到，但不知付物甚多，何以并无家信？四弟去年所寄诗，已圈批寄还，不知收到否？汪觉庵师寿文，大约在八月前付到。五十已纳征礼成，可贺可贺。朱家气象甚好，但劝其少学官款，我家亦然。啸山接到咨文，上有祖母已没字样，甚为哀痛，归思极迫。余再三劝解，场后即来余寓同住。我家共住三人。郭二于二月初八到京，复试二等第八。上下合家皆清吉。余耳仍鸣，无他恙。内人及子女皆平安。树堂榜后要南归，将来择师尚未定。

六弟信中，言功课在廉让之间，此语殊不可解。所需书籍，惟《子史精华》，家中现有，准托公车带归。《汉魏百三家》，京城甚贵，余已托人在扬州买，尚未接到。《稗海》及《绥寇纪略》亦贵，且寄此书与人，则必帮人车价，因此书尚非吾弟所宜急务者，故不买寄。元明名古文尚无选本，近来邵蕙西已选元文，渠劝我选明文，我因无暇，尚未选。古文选本，惟姚姬传先生所选本最好，吾近来圈过一遍，可于公车带回，六弟用墨笔加圈一遍可也。

九弟诗大进，读之为之距跃三百，即和四章寄回。树堂、筠仙、意诚三君，皆各有和章。诗之为道，各人门径不同，难执一己之成见以概论。吾前教四弟学袁简斋，以四弟笔情与袁相近也。今观九弟笔情，则与元遗山相近。吾教诸弟学诗无别法，但须看一家之专集，不可读选本以汩没[②]性灵，至要至要。吾于五七古学杜韩，五七律学杜，此二家无一字不细看外；此则古诗学苏黄，律诗学义山，此三家亦无一字不看；五家之外，则用功浅矣。我之门径如此，诸弟或从我行，或别寻门径，随人性之所近而为之可耳。

余近来事极繁，然无日不看书。今年已批韩诗一部，正月十八批毕。现在批《史记》已三之二，大约四月可批完。诸弟所看书望详示，邻里有事，亦望示知。

国藩手草

【注释】

① 厥后：过后。

② 汩没：埋没，掩没。

禀父母·取借款须专人去

（道光二十五年六月十九日）

男国藩跪禀父母亲大人万福金安：

五月三十日发第七号家信，内有升官谢恩折及四弟、九弟、季弟诗文，不知到否？

男于五月中旬出瘟疹，服药即效，已全愈矣。而余热未尽，近日头上生癣，身上生热毒，每日服银花、甘草等药。医云："内热未散，宜发出，不宜遏抑；身上之毒，至秋即可全好；头上之癣，亦不至蔓延。"又云："恐家中祖茔上有不洁处，虽不宜挑动，亦不可不打扫。"男以皮肤之患，不甚经意，仍读书应酬如故，饮食起居一切如故。男妇服附片、高丽参、熟地、白术等药已五十余日，饭量增加，尚未十分壮健。然行事起居亦复如常。孙男女四人并皆平安，家中仆婢皆好。

前有信言寄金年伯高丽参二两，此万不可少，望如数分送。去年所送戚族银，男至今未见全单。男年轻识浅，断不敢自作主张，然家中诸事，男亦愿闻其详，求大人谕四弟将全单开示为望。

诸弟考试，今年想必有所得。如得入学，但择亲属拜客，不必遍拜，亦不必请酒，盖恐亲戚难于应酬也。

同县邓铁松之病略好，男拟帮钱送他回家，但不知能至家否？宝庆公车邹柳溪死，一切后事皆男经理。谢吉人、黄麓西皆分发江苏，周子佩、夏阶平皆分吏部主事。

曾受恬去年所借钱，不知已寄到否？若未到，须专人去取，万不可再缓[①]。如心斋亦专差，则两家同去；如渠不专差，则我家独去。家中近日用度何如？男意有人做官，则待邻里不可不略松[②]，而家用不可不守旧，不知是否？

男国藩谨禀

【注释】

① 缓：迟缓。

② 松：轻松。

致诸弟·带归度岁之资

（咸丰四年十一月初七日）

澄侯、温甫、子植、季洪四位老弟足下：

二十五日遣春二，维五归家，曾寄一函并谕旨、奏折二册。

二十六日水师在九江开仗获胜，陆路塔、罗之军在江北蕲州之莲花桥大获胜仗，杀贼千余人，二十八日克复广济县城。初一日在大河埔大获胜仗，初四日在黄梅城外大获胜仗，初五日克复黄梅县城。该匪数万，现屯踞江岸之小池口，与九江府城相对。塔、罗之军即日追至江岸，即可水陆夹击。能将北岸扫除，然后可渡江以剿九江府城之贼，自到九江后，即可专夫由武宁以达平江、长沙。

兹因魏荫亭亲家还乡之便，付去银一百两，为家中卒岁之资。以三分计之。新屋人多，取其二以供用；老屋人少，取其一以供用。外五十两一封，以送亲族各家，即往年在京寄回之旧例也。以后我家光景略好，此项断不可缺，家中却不可过于宽裕。处此乱世，愈穷愈好。

我现在军中声名极好，所过之处，百姓爆竹焚香跪迎，送钱米猪羊来犒军者络绎不绝。以祖宗累世之厚德，使我一人食此隆报，享此荣名，寸心兢兢[①]，且愧且慎。现在但愿官阶不再进，虚名不再张，常葆此以无咎[②]，即是持身守家之道。至军事之成败利钝，此关乎国家之福，吾惟力尽人事，不敢存丝毫侥幸之心。诸弟禀告堂上大人，不必悬念。

冯树堂前有信来，要功牌一百张，兹亦交荫亭带归，望澄弟专差送至宝庆，妥交树堂为要。衡州所捐之部照，已交朱峻明带去。外带照千张交郭云仙，从原奏之所指也。朱于初二日起行，江隆三亦同归，给渠钱已四十千，今年送亲族者，不必送隆三可也，余不一一。

兄国藩书子武穴舟中

【注释】

① 寸心兢兢：指心里战战兢兢的样子。

② 无咎：无过错。

致九弟·述捐银作祭费

（咸丰八年四月十七日）

沅甫九弟左右：

十四日胡二等归，接弟初七夜信，具悉一切。

初五日城贼猛扑，凭壕对击，坚忍不出，最为合法。凡扑人之墙，扑人之濠，扑者客也，应者主也。我若越濠而应之，则是反主为客，所谓致于人者也。我不越濠，则我常为主，所谓致人而不致于人也。稳守稳打，彼自意兴索然。峙衡好越濠击贼，吾常不以为然。凡此等处，悉心推求，皆有一定之理。迪安善战，其得诀在不轻进不轻退六字，弟以类求之可也。

夷船至上海、天津，亦系恫喝之常态。彼所长者，船炮也；其所短者，路极远人极少。若办理得宜，终不足患。

报销奏稿及户部复奏，即日当缄致诸公。依弟来书之意，将来开局时，拟即在湖口水次盖银钱所。张小山、魏召亭、李复生诸公多年亲依该所，现存银万余两，即可为开局诸公用费及部中使费。六君子不必皆到此局，但得伯符、小泉二人入场，即可了办。若六弟在浔较久，则可至局中照护周旋；若六弟不在浔阳，则弟克吉后回家一行，仍须往该局为我照护周旋也。至户部承书，说定费资，目下筠仙在京似可料理，将来胡莲舫进京，亦可帮助。

筠仙顷有书来，言弟名远震京师。盛名之下，其实难副，弟须慎之又慎。兹将原书抄送一阅。

家中四宅小大平安，兄夜来渐能成寐，葛亦山先生病尚未愈，而教书工课如常。刘为章在白果看地，余与尧、霞不以为然，第二次往看岳龙，则飘然不反，回湘潭筱岑家去矣。顷有杜茂才者，丰城人，避难来住永丰，至我家投效，因留其看地。据刘与杜二人言，周璧冲有凶煞，是宜速改。余观杜之识似胜于刘，并胜于近处诸人，不知视东阳叔祖何如耳？余心时时未忘改葬一事，而苦自己不善看，又苦无最贴心之人。弟意以东阳叔祖为主，渠亦难于远出寻求，且上等者自须先自为谋，日夜念此，至焦灼耳。

先大父、先太夫人尚未有祭祀之费，温弟临行捐银百两，余以刘国斌之赠亦捐银百两，弟可设法捐资否？四弟、季弟则以弟昨寄之银内提百金为二人捐款。合之当业二处，每年可得谷六七十石，起祠堂，树墓表，尚属易办。

吾精力日衰，心好古文，颇知其意而不能多作，日内思为三代考妣作三墓表，虑不克工，亦尚惮于动手也。先考妣祠宇若不能另起，或另买二宅作住屋，即以腰里新屋为祠亦无不可。其天家赐物及宗器祭器等概藏于祠堂，庶有所归宿，将来京中运回之书籍及家中先后置书亦贮于此祠。吾生平坐不善收拾，为咎甚巨，所得诸物随手散去，至今追悔不已。然趁此收拾，亦尚有可为。弟收拾佳物较善于诸昆，从此益当细心检点，凡有用之物不宜抛散也。澄弟在县尚未归，季弟往邵阳邓光一家，此次恐无信，并告。

兄国藩具

致九弟·劝捐银修祠堂

（咸丰八年五月初五日）

沅甫九弟左右：

五月二日接四月二十三寄信，借悉一切。

城贼于十七早，二十日、二十二夜均来扑我濠，如飞蛾之扑烛，多扑几次，受创愈甚，成功愈易。惟日夜巡守，刻不可懈，若攻围日久，而仍令其逃窜，则咎责匪轻。弟既有统领之名，自应认真查察，比他人尤为辛苦，乃足足［此字衍］资董率。

九江克复，闻抚州亦已收复，建昌想亦于日内可复。吉贼无路可走，收功当在秋间，较各处独为迟滞。弟不必慌忙，但当稳围稳守，虽迟至冬间克复亦可无碍，只求全城屠戮，不使一名漏网耳。若似瑞、临之有贼外窜，或似武昌之半夜潜窜，则虽速亦为人所诟病；如似九江之斩刈殆尽，则虽迟亦无后患。愿弟忍耐谨慎，勉卒此功，至要至要。

余病体渐好，尚未全愈，夜间总不能酣睡，心中纠缠，时忆往事，愧悔憧扰，不能摆脱。四月底作先大夫祭费记一首，兹送交贤弟一阅，不知尚可用否？此事温弟极为认真，望弟另誊一本寄温弟阅看，此本仍便中寄回，盖家中抄手太少，别无副本也。四宅大小眷口平安。邓师初一日散学归去，葛师初四日归去。今年家中学生，科一进功最多，科四、科六次之，甲三又次之。甲五病目，科三在紫甸，皆未得勤课也。

弟在营所寄银回，先后均照数收到。其随处留心，数目多寡，斟酌妥善。余在外未付银至家，实因初出之时，默立此誓，又于发州县信中，以“不要钱、不怕死”六字自明，不欲自欺其志，而令老父在家受尽窘迫，百计经营，至今以为深痛。弟之取与，与塔、罗、杨、彭二李诸公相仿，有其不及，无或过也，尽可如此办理，不必多疑。

顷与叔父各捐银五十两，积为星冈公，余又捐二十两于辅臣公，三十两于竟希公矣。若弟能于竟公、星公、竹公三世各捐少许，使修立三代祠堂，即于三年内可以兴工，是弟有功于先人，可以盖阿兄之愆[①]矣。修祠或即用腰里新宅，或于利见斋另修，或另买田地，弟意如何，便中复示。公费则各立经管，祠堂则三代共之，此余之意也。

罗山夫人仙逝，余令纪泽于二十八日往吊。初一早发引，主系纪泽写，未另点朱，办理甚为热闹。初三日辅臣公生日，在吉公祠祭。黎明行礼，科一、科三、科四皆往，科六未去。

初二日接温弟信，系在湖北抚署所发。九江一案，杨、李皆赏黄马褂，官、胡皆加太子少保，想弟处亦已闻之。温弟至黄安与迪庵相会后，或留营，或进京，尚未可知。

弟素体弱，比来天热，尚耐劳否？至念至念。羞饵滋补较善于药，如滋阴则海参炖鸭而加以益智仁，补阳则丽参蒸乌鸡或精肉之类，良方甚多，胜于专服水药也。不一一。

兄国藩手具

【注释】

① 愆：过失，过错。

交友篇

致诸弟·交友拜师宜专一

（道光二十四年正月二十六日）

四位老弟左右：

正月二十三日接到诸弟信，系腊月十六在省城发，不胜欣慰。四弟女许朱良四姻伯子孙，兰姊女许贺孝七之子，人家甚好，可贺。惟蕙妹家颇可虑，亦家运也！

六弟、九弟今年仍读书省城，罗罗山兄处附课甚好。既在此附课，则不必送诗文与他处看，以明有所专主也。凡事皆贵专，求师不专，则受益也不入；求友不专，则博爱而不亲。心有所专宗，而博观他途以扩其识，亦无不可；无所专宗，而见异思迁，此眩彼夺①，则大不可。罗山兄甚为刘霞仙、欧晓岑所推服，有杨生（任光）者，亦能道其梗概，则其可为师表明矣，惜吾不得常与居游也。在省用钱，可在家中支用（银三十两则够二弟一年之用矣，亦在吾寄一千两之内），予不能别寄与弟也。

我去年十一月二十日到京，彼时无折差回南，至十二月中旬始发信，乃两弟之信，骂我糊涂，何不检点至此！赵子舟与我同行，曾无一信，其糊涂更何如耶？余自去年五月底至腊月初，未尝接一家信，我在蜀可写信由京寄家，岂家中信不可由京寄蜀耶？又将骂何人糊涂耶？凡动笔不可不检点。

陈尧农先生信，至今未接到。黄仙垣未到京。家中付物，难于费心，以后一切布线等物，均不必付。

九弟与郑、陈、冯、曹四信，写作俱佳，可喜之至。六弟与我信字太草率，此关乎一生福分，故不能不告汝也。四弟写信语太不圆，由于天分，吾不复责。

余容续布，诸惟心照。

兄国藩手具

【注释】

① 此眩彼夺：这边炫目，那边也光彩夺目，形容贪恋的人欲望没有止境。

致九弟·济人须济急

（咸丰八年正月二十九日）

沅甫九弟左右：

二十七日刘福一等四人者归，接弟信，并《二十二史》七十二套，金、史赙银三百两，具悉一切。此书十七史系汲古阁本。《宋》《辽》《金》《元》系宏简录，《明史》系殿本。较之兄丙申年所购者多《明史》一种，余略相类，在吾乡已极为难得矣。吾后在京，亦未另买有全史，仅添实《辽》、《金》、《元》、《明》四史及《史》、《汉》各佳本而已，《宋史》至今未办，盖阙典也。

吉贼决志不窜，将来必与浔贼同一办法，想非夏末秋初不能得手。弟当坚耐以待之。迪安去岁在浔于开濠守逻之外，间亦读书习字。弟处所掘长濠，如果十分可靠，将来亦有闲隙可以偷看书籍，目前则须极力讲求濠工、巡逻也。

澄弟于二十二日下县。赖明府于蝗蝻事办理极为认真，有信邀绅士去。温弟于二十五日回家。亦山先生二十二日归，二十六复来。瀛皆先生二十上学，二十二日开课，亦山亦执贽受业。甲五目疾总未甚好，右目外云如故，左目已属大好，究不能与常人一般。九弟妇体气极弱，服峻补之剂，日有起色。再过数日，应可出房照料杂事。青山二十七日暂归，余嘱其初一复来。二十八日夕接弟二十二日信，亦请青山在此多住月余，二月内必坚留之也。

周济受害绅民，非泛爱博施之谓，但偶遇一家之中杀害数口者、流转迁徙归来无食者、房屋被焚栖止靡定者，或与之数十金，以周其急。先星冈公云，“济人须济急时无”，又云随缘布施，专以目之所触为主，即孟子所称“是乃仁术也”。若目无所触，而泛求被害之家而济之，与造册发赈一例，则带兵者专行沽名之事，必为地方官所讥，且有挂小漏万之虑。弟之所见，深为切中事理。余系因昔年湖口绅士受害之惨，无力济之，故推而及于吉安，非欲弟无故而为沽名之举也。

金、史谢信此次未写，少迟再寄。李雨苍二十九日到家。孙朗青、吴贯槎均来。初四日系先大夫初周年忌辰，敬办小祥祭事。俟日内再行详布。即问近好，诸惟心照。

兄国藩手草

致九弟·患难与共勿有遗憾

（咸丰八年二月十七日）

沅甫九弟左右：

十四日发第八号信，交春二等带往，并带璧还金、史两处银二百二十两，想将收到。是夕接弟初七夜信，得知一切。

贵溪紧急之说确否？近日消息何如？次青非常之才，带勇虽非所长，然亦有百折不回之气。其在兄处，尤为肝胆照人，始终可感。兄在外数年，独惭无以对渠。去腊遣韩升至李家省视，其家略送仪物。又与次青约成婚姻，以申永好。目下两家儿女无相当者，将来渠或三索得男，弟之次女、三女可与之订婚。兄信已许之矣。在吉安，望常常与之通信。专人往返，想十余日可归也。但得次青生还与兄相见，则同甘苦患难诸人中，尚不至留莫大之愧歉耳。

昔耿恭简公谓居官以耐烦为第一要义，带勇亦然。兄之短处在此，屡次谆谆教弟亦在此。二十七日来书，有云“仰鼻息于傀儡膻腥之辈，又岂吾心之所乐”，此已露出不耐烦之端倪，将来恐不免于龃龉。去岁握别时，曾以惩余之短相箴，乞无忘也。

甲三《史》、《汉》、《韩文》二月中可看毕，三月即看《近思录》、《周易折中》、《四书汇参》等书。一则使略知立身行己之大要，一则有益于制艺也。

李雨苍于十七日起行赴鄂。渠长处在精力坚强，聪明过人；短处在举止轻佻，言语伤易，恐咏公亦未能十分垂青。

澄侯弟于十五日上永丰，十九可归。温甫弟于二十一日起程，大约三月半可至吉安也。九弟妇日内痊愈，业在地下照料一切，展转床褥已历弥月，亦由体气素弱之故，以后再服补剂，必有大裨，弟尽可放心，余不一一。

兄国藩手草

致诸弟·读弟信不动心者必不友

（咸丰十一年三月二十一日辰刻）

沅、季弟左右：

二十夜接弟十九早信。知援贼已到后濠之外，弟乃因南岸之事，十分焦灼。余不能派兵援救弟处，反以余事分弟心思，损弟精神。

此兄之大错。

弟当援贼围逼，后濠十分紧急之时，不顾自己之艰危，专谋阿兄之安全，殷殷至数千言。昔人云："读《出师表》而不动心者，其人必不忠；读《陈情表》而不动心者，其人必不孝。"吾谓读弟此信而不动心者，其人必不友。

余定于二十四日拔营起程。二十九日准至东流，即在舟次居住，以答两弟之意。弟从此安心做事，不可挂念南岸也。闻盛南表弟于十八夜回营，此心略慰。

十九夜之黑，二十早之雾，殊为可虑。过此两日，守事当少有把握。枞阳坝成后，桐城之贼由练潭来，尚隔水否？

此间各路平安之至。景德镇之贼业已退净，不知其全由婺源回徽乎？抑尚在乐平与左、鲍相持乎？然该镇贼退，则祁门粮路业已通矣。两弟千万放心。

兄移驻东流，祁、黟、休各军仍留此间紧守不动，不能多带兵勇救援弟处，惟弟谅之，亦实无强兵可带也。顺问近好。三月二十一日辰刻。

来勇二人各赏翎一支、银四两，留此少停片时，此信另派亲兵及云岩亲兵送去。

致诸弟·述有负朋友

（同治元年六月初二日）

沅、季弟左右：

湖南之米昂贵异常。东征局无米解来，安庆又苦于碾碓[①]无多，每日不能舂出三百石，不足以应诸路之求。每月解子药各三万斤，不能再多，望弟量入为出，少操几次，以省火药为嘱。

扎营图阅悉。得几场大雨，吟、昆等营必日松矣。处处皆系两层，前层拒城贼，后层防援贼，当可稳固无虞。少泉代买之洋枪，今日交到一单，待物到即解弟处。洋物机括太灵，多不耐久，宜慎用之。

次青之事，弟所进箴规，极是极是，吾过矣！吾过矣！吾因郑魁士享当世大名，去年袁、翁两处及京师台谏尚累疏保郑为名将，以为不妨与李并举。又有郑罪重李情轻，暨王锐意招之等语，以为比前折略轻。逮拜折之后，通首读来，实使次青难堪。今得弟指出，余益觉大负次青，愧悔无地。余生平于朋友中，负人甚少，惟负次青实甚。两弟为我设法，有可挽回之处，余不惮改过也。

【注释】

① 碾碓：用以舂米的工具。

字谕纪泽儿·余生平最怕以势利相接

（同治八年正月二十二日夜）

字谕纪泽儿：

久未闻两江折差入京，是以未及写信。前接尔腊月二十六日禀，本日固安途次又接尔正月初七禀，具悉一切。余自十二月十七至除夕已载于日记中，兹付回。

正月灯节以前惟初三、初五无宴席，余皆赴人之召。然每日仅吃一家，有重复者辄辞谢，不似李、马二公日或赴宴四五处。盖在京之日较久，又辈行较老，请者较少也。军机处及弘德殿诸公颇有相敬之意，较去冬初到时似加亲厚，九列中亦无违言。然余生平最怕以势利相接，以机心相贸，决计不作京官，亦不愿久作直督。约计履任一年即当引疾悬车。若到官有掣肘之处，并不待一年期满矣。

接眷北来，殊难定策，听尔与尔母熟商。或全眷今春即回湖南，或全家北来保定，明年与我同回湖南，均无不可。若全来保定，三月初即可起行。余于二十日出京，先行查勘永定河。二十七八可到保定，接印后即派施占琦回金陵，二月二十日外可到。尔将书箱交施由沪运京，即可奉母北行耳。

余送别敬壹万四千余金，三江两湖五省全送，但亦厚耳。合之捐款及杂费凡万六千上下，加以用度千余金，再带二千余金赴官，共用二万两。已写信寄应敏斋。由作梅于余所存缉私经费项下提出归款。阅该项存后路粮台者已有三万余金，余家于此二万外不可再取丝毫。尔密商之作梅先生、雨亭方伯，设法用去。凡散财最忌有名，总不可使一人知（一有名便有许多窒碍，或捏作善后局之零用，或留作报销局之部费，不可捐为善举费）。至嘱至嘱。余生平以享大名为忧，若清廉之名尤恐折福也。杜小舫所寄汇票二张，已令高列三涂销寄回。尔等进京，可至雨亭处取养廉数千金作为途费，余者仍寄雨亭处另款存库，余罢官后或取作终老之资，已极丰裕矣。纪鸿儿及幕府等未随余勘河。二十三日始出京赴保定也。此谕。

涤生手示（固安工次）

为政篇

禀祖父母·述与英国议和

（道光二十二年九月十七日）

孙男国藩跪禀祖父母大人万福金安：

九月十三日接到家信，系七月父亲在省所发，内有叔父信及欧阳牧云致函，知祖母于七月初三日因占犯致恙，不药而愈，可胜欣幸。

高丽参足以补气，然身上稍有寒热，服之便不相宜，以后务须斟酌用之，若微觉感冒，即忌用此物。平日康强时，和入丸药内服最好，然此时家中想已无多，不知可供明年一单丸药之用否？若其不足，须写信来京，以便觅便寄回。

四弟、六弟考试又不得志，颇难为怀，然大器晚成，堂上不必以此置虑。闻六弟将有梦熊[①]之喜，幸甚。近叔父为婶母之病劳苦忧郁，有怀莫宣，今六弟一索[②]得男，则叔父含饴弄孙[③]，瓜瓞日蕃[④]，其乐何如！

唐镜海先生德望为京城第一，其令嗣极孝，亦系兄子承继者。先生今年六十五岁，得生一子，人皆以为盛德之报。

英夷在江南，抚局已定。盖金陵为南北咽喉，逆夷既已扼吭而据要害，不得不权为和戎之策，以安民而息兵。去年逆夷在广东曾经就抚，其费去六百万两。此次之费，外间有言二千一百万者，又有言此项皆劝绅民捐输，不动帑藏者，皆不知的否。现在夷船已全数出海，各处防海之兵陆续撤回，天津亦已撤退。议抚之使系伊里布、耆英及两江总督牛鉴三人。牛鉴有失地之罪，故抚局成后，即革职拿问。伊里布去广东代奕山为将军，耆英为两江总督。自英夷滋扰，已历二年，将不知兵，兵不用命，于国威不无少损，然此次议抚，实出于不得已，但使夷人从此永不犯边，四海晏然安堵，则以大事小，乐天之道，孰不以为上策哉?

孙身体如常，孙妇及曾孙兄妹并皆平安，同县黄晓潭（鉴）荐一老妈吴姓来。渠在湘乡苦请他来，而其妻凌虐婢仆，百般惨酷，黄求孙代为开脱。孙接至家住一月，转荐至方夔卿太守（宗钧）处，托其带回湖南，大约明春可到湘乡。

今年进学之人，孙见题名录，仅认识彭惠田一人，不知二十三四都进入否？谢党仁、吴光煦取一等，皆少年可慕。一等第一题名录刻黄生平，不知即黄星平否?

孙每接家信，常嫌其不详，以后务求详明，虽乡间田宅婚嫁之事，不妨写出，使游子如神在里门。各族戚家，尤须一一示知。幸甚。

敬请祖父母大人万安。余容后呈。

孙谨禀

【注释】

① 梦熊：以前称生儿子为梦熊。

② 一索：即第一胎。

③ 含饴弄孙：含着饴糖逗小孙子，形容老年人恬适的乐趣。

④ 瓜瓞日蕃：比喻子孙满堂。瓞，小瓜。

禀祖父母·报告荣升侍讲

（道光二十三年三月二十三日）

孙男国藩跪禀祖父母大人万福金安：

二月十九日，孙发第二号家信。三月十九日发第三号，交金竺虔，想必五月中始可到省。孙以下阖家皆平安。

三月初六日奉上谕，于初十日大考翰詹，在圆明园正大光明殿考试。孙初闻之，心甚惊恐，盖久不作赋，字亦生疏。向来大考，大约六年一次。此次自己亥岁二月大考，到今仅满四年，万不料有此一举。故同人闻命下之时，无不惶悚。孙与陈岱云等在园同寓。初十日卯刻进场，酉正出场。题目另纸敬录，诗赋亦另誊出。通共翰詹一百二十七人，告病不入场者三人（邵灿，己亥湖南主考；锡麟；江泰来，安徽人），病愈仍须补考。在殿上搜出夹带，比交刑部治罪者一人，名如山（戊戌同年）。其余皆整齐完场。

十一日，皇上亲阅卷一日。十二日钦派阅卷大臣七人，阅毕，拟定名次进呈。皇上钦定一等五名，二等五十五名，三等五十六名，四等七名。孙蒙皇上天恩，拔取二等第一名。湖南六翰林，二等四人，三等二人，另有全单。十四日引见，共升官者十一人，记名候升者五人，赏缎者十九人(升官者不赏缎)。孙蒙皇上格外天恩，升授翰林院侍讲，十七日谢恩，现在尚未补缺，有缺出即应孙补。其他升降赏赉，另有全单。

湖南以大考升官者，从前（雍正二年）惟陈文肃公（名大受，乾隆朝宰相）一等第一，以编修升侍读，近来（道光十三年）胡云阁先生二等第四，以学士升少詹，并孙三人而已。孙名次不如陈文肃之高，而升官与之同，此皇上破格之恩也。孙学问肤浅，见识庸鄙，受君父之厚恩，蒙祖宗之德荫，将来何以为报？惟当竭力尽忠而已。

金竺虔于昨二十一日回省，孙托带五品补服四付、水晶顶戴二座、阿胶一斤半、鹿胶一斤、耳环一双。外竺虔借银五十两，即以付回。昨天竺虔处寄第三号信，信面信里皆写银四十两，发信后渠又借去十两，故前后二信不符。竺虔于五月半可到省，若六弟、九弟在省，则可面交；若无人在省，则家中专人去取，或诸弟有高兴到省者亦妙。

今年考差大约在五月中旬，孙拟于四月半下园用功。孙妇现已有喜，约七月可分娩。曾孙兄妹并如常。寓中今年添用一老妈，用度较去年略多。

此次升官，约多用银百两，东扯西借，尚不窘迫。不知有邯郸报来家否？若其已来，开销不可太多。孙十四引见，渠若于二十八以前报到，是真邯郸报，赏银四五十两可也。若至四月始报，是省城伪报，赏数两足矣。

但家中景况，不审何如。伏恳示悉为幸。

孙跪禀

禀祖父母·报告考差信

（道光二十三年六月初六日）

孙男国藩跪禀祖父母大人万福金安：

四月二十日，孙发第五号家信，不知到否？五月二十九接到家中第二号信，系三月初一发。六月初二日接第三号信，系四月十八发的。具悉家中老幼平安，百事顺遂，欣幸之至。

六弟下省读书，从其所愿，情意既畅，志气必奋，将来必大成，可为叔父预贺。祖父去岁曾赐孙手书，今年又已半年，不知目力何如？下次信来，仍求亲笔书数语示孙。大考喜信，不知开销报人钱若干？

孙自今年来，身体不甚好，幸加意保养，得以无恙。大考以后，全未用功。五月初六日考差，孙妥帖完卷，虽无毛病，亦无好处。

前题“使诸大夫国人皆有所矜式”，经题“天下有道，则行有枝叶”，诗题“赋得角黍，得经字”，共二百四十一人进场。初八日派阅卷大臣十二人，每人分卷二十本。传闻取七本，不取者十三本。弥封未拆，故阅卷者亦不知所取何人，所黜何人。取与不取一概进呈，恭候钦定。外间谣言某人第一，某人未取，俱不足凭，总待放差后，方可略测端倪。亦有真第一而不得，有真未取而得差者，静以听之而已。

同乡考差九人，皆妥当完卷。六月初一，放云南主考龚宝莲（辛丑榜眼），段大章（戊戌同年），贵州主考龙元僖、王桂（庚子湖南主考）。

孙在京平安，孙妇及曾孙兄妹皆如常。前所付银，谅已到家。高丽参目前难寄。容当觅便寄回。六弟在城南，孙已有信托陈尧农先生。同乡官皆如旧。黄正斋坐粮船来，已于六月初三到京。余容后禀。

禀祖父母·报告补侍读

（道光二十四年十二月十四日）

孙国藩跪禀祖父母大人万福金安：

十一月二十二日发十三号信。二十九日祖母大人寿辰，孙等叩头遥祝，寓中客一席，次日请同县公车一席。初七日，皇上御门，孙得转补翰林院侍读。听遗侍讲缺，许乃钊补升。侍讲转侍读，照例不谢恩，故孙未具折谢恩。

今冬京中又得厚雪。初九日设三坛求雪，四、五、六阿哥诣三坛行礼，皇上亲诣太高殿行礼，十一日即得大雪。天心感召，呼吸相通，良可贺也。

孙等在京平安。曾孙读书有恒，惟好写字，见闲纸则乱画，请其母钉成本子。孙今年用度尚宽裕，明年上半年尚好，至五月后再作计。昨接曾兴仁信，知渠银尚未还。孙甚着急，已写信去催，不知家中今年可不窘迫否？

同乡京官皆如故，冯树堂、郭筠仙在寓亦好。荆七自五月出去，至今未敢见孙面，在同乡陈洪钟主事家，光景亦好。若使流落失所，孙亦必宥[①]而收恤[②]之。特渠对人言，情愿饿死，不愿回南，此实难处置。孙则情愿多给银两，使他回去，不愿他在京再犯出事。望大人明示以计，俾孙遵行。四弟等自七月寄信来后，至今未再得信，孙甚切望。

严太爷在京引见，来拜一次。孙回拜一次，又请酒，渠未赴席。此人向有狂妄之名，孙己亥年在家，一切不与之计较，故相安于无事，大约明春可回湘乡任。

孙谨禀

【注释】

① 宥：宽容饶恕。

② 收恤：收留，抚恤。

致诸弟·喜述升詹事府右春坊右庶子

（道光二十五年五月初五日）

四位老弟足下：

四月十六日余寄第三号交折差，备述进场阅卷及收门生诸事，内附寄会试题名录一纸。十七日朱啸山南旋，余寄第四号信，外银一百两，书一包计九函，高丽参一斤半。二十五日冯树堂南旋，余寄第五号家信，外寿屏一架，鹿胶二斤一包，对联条幅扇子及笔共一布包。想此三信，皆于六月可接到。

树堂去后，余于五月初二日新请李竹坞先生（名如篦，永顺府龙山县人，丁酉拔贡，庚子举人）教书，其人端方和顺，有志性理之学，虽不能如树堂之笃诚照人，而已为同辈所最难得者。

初二早，皇上御门办事。余蒙天恩，得升詹事府右春坊右庶子。次日具折谢恩，蒙召见于勤政殿，天语垂问共四十余句。是日同升官者：李菡升督察院左副都御史，罗惇衍升通政司副使，及余共三人。余蒙祖、父余泽，频邀非分之荣，此次升官，尤出意外，日夜恐惧修省，实无德足以当之。诸弟远隔数千里外，必须匡我之不逮[①]，时时寄书规我之过。务使累世积德不自我一人而堕[②]，庶几持盈保泰，得免速致颠危。诸弟能常进箴[③]规，则弟即吾之良师益友也。而诸弟亦宜常存敬畏，勿谓家有人作官，而遂敢于侮人；勿谓已有文学，而遂敢于恃才傲人。常存此心，则是载福之道也。

今年新进士善书者甚多，而湖南尤甚。萧史楼既得状元，而周荇农（寿昌）去岁中南元，孙芝房（鼎臣）又取朝元，可谓极盛。现在同乡诸人，讲求词章之学者固多，讲求性理之学者亦不少，将来省运必不盛。

余身体平安，惟应酬太繁，日不暇给，自三月进闱以来，至今已满两月，未得看书。内人身体极弱，而无病痛。医者云必须服大补剂，乃可回元。现在所服之药，与母亲大人十五年前所服之白术黑姜方略同，差有效验。儿女四人皆平顺，婢仆辈亦如常。

去年寄家之银两，屡次写信，求将分给戚族之数目详实告我，而至今无一字见示，殊不可解。以后务求四弟将账目开出寄京，以释我之疑。又余所欲问家乡之事甚多，兹另开一单，烦弟逐条对是祷。

兄国藩草

【注释】

① 不逮：不足之处。

② 堕：指堕落。

③ 箴：规劝。

禀父母·万望勿入署说公事

（道光二十五年五月二十九日）

男国藩跪禀父母亲大人膝下：

五月初六日，男发第六号家信后，十七日接到诸弟四月二十二日在县所发信。欣悉九弟得取前列第三，余三弟皆取前二十名，欢慰之至。

诸弟前所付诗文到京，兹特请杨春皆改正付回，今年长进甚远，良可忻慰。向来六弟文笔最矫健，四弟笔颇笨滞，观其“为仁矣”一篇，则文笔大变，与六弟并称健者。九弟文笔清贵，近来更圆转如意，季弟诗笔亦秀雅，男再三审览实堪怡悦。

男在京平安。十六七偶受暑，服药数帖，禁晕［荤］数日而愈，现已照常应酬。男妇服补剂已二十余帖，大有效验。医人云虚弱之症，能受补则易好。孙男女及合室下人皆清吉。

长沙馆于五月十二日演戏题名，状元、南元、朝元三匾同日张挂，极为热闹，皆男总办，而人人乐从。头门对联云："同科十进士，庆榜三名元，"可谓盛矣。

同县邓铁松在京患吐血病，甚为危症，大约不可挽回。同乡有危急事，多有就男商量者，男效祖大人之法，银钱则量力佽助，办事则竭力经营。

严丽生取九弟置前列，男理应写信谢他，因其平日官声不甚好，故不愿谢，不审大人意见何如？我家既为乡绅，万不可入署说公事，致为官长所鄙薄。即本家有事，情愿吃亏，万不可与人构讼[①]，令官长疑为倚势凌人，伏乞慈鉴。

男谨禀

【注释】

① 构讼：诉讼。

禀父母·敬请祖父换蓝顶

（道光二十五年十月二十九日）

男国藩跪禀父母亲大人万福金安：

十月初二，男发十五号家信。二十八日接到手谕第九号，系九月底在县城所发者。

男等在京平安。男身上疮毒至今未得全好，中间自九月中旬数日，即将面上痊愈，毫无痂痕，系陈医之力，故升官时，召见无陨越[①]之虞。十月下半月，又觉微有痕迹，头上仍有白皴皮，身上尚如九月之常，照前七八月则已去其大半矣。一切饮食起居，毫无患苦。

四弟、六弟用功皆有定课，昨二十八始开课作文。孙男纪泽《郑风》已读毕，《古诗十九首》亦已读毕。男妇及三孙女皆平顺。

前信言宗毅然家银三十两，可将谢山益家一项去还。顷接山益信，云渠去江西时，嘱其子办苏布平元丝银四十两还我家，想送到矣。如已到，即望大人将银并男前信送毅然家。渠是纹银，我还元丝，必须加水，还他三十二两可也。萧辛五处鹿胶，准在今冬寄到。

初十皇太后七旬万寿，皇上率千官行礼，四位阿哥皆骑马而来，七阿哥仅八岁，亦骑马雍容，真龙种气象。十五日皇上颁恩诏于太和殿，十六日又生一阿哥。皇上于辛丑年六秩，壬寅年生八阿哥，乙巳又生九阿哥，圣躬老而弥康如此。

男得请封章，如今年可用玺，则明春可寄回；如明复用玺，则秋间寄回。然既得诏旨，则虽诰轴未归，而恩已至矣，望祖父先换蓝顶，其四品补服，候男在京寄回，可与诰轴并付。湖南各家俱平安，余俟续具。

男谨禀

【注释】

① 陨越：坠落，此处指失落。

禀父母·拟为六弟纳监

（道光二十五年十一月二十日）

男国藩跪禀父母亲大人万福金安：

十一月初一发十六号家信，内有覃恩条例单，不知收到否？男头上疮癣至今未愈，近日每天洗二次，夜洗药水，早洗开水，本无大毒，或可因勤洗而好。闻四弟言，家中连年生热毒者八人，并男共九人，恐祖坟有不洁净处，望时时打扫，但不可妄为动土，致惊幽灵。四弟、六弟及儿妇孙男女等皆平安。

男近与同年会课作赋，每日看书如常，饮食起居如故。四弟课纪泽读，师徒皆有常程。六弟文章极好，拟明年纳监下场，但现无银，不知张罗得就否。

同乡唐镜海先生已告病，明春即将回南。所著《国朝学案》一书，系男约同人代为发刻，其刻价则系耦庚先生所出。前门内有义塾，每年延师八人，教贫户子弟三百余人。昨首事杜姓已死，男约同人接管其事，亦系集腋成裘[①]，男花费亦无几。

纪泽虽从四弟读书，而李竹屋先生尚在男宅住，渠颇思南归，但未十分定计耳。

诰封二轴，今年不能用玺，明年乃可寄回。萧辛五七月［此处疑有脱字］处，已于十一月寄鹿胶一斤，阿胶半斤与他。家中若需鹿胶、阿胶，望付信来京，从便觅寄。

男谨禀

【注释】

① 集腋成裘：比喻积少而成多，合众力以成一本。

禀父母·报告两次兼职

（道光二十六年正月初三日）

男国藩跪禀父母亲大人万福金安：

乙巳十一月二十二日发家信十七号。其日同乡彭棣楼放广西思恩府知府，二十四日，陈岱云放江西吉安府知府。岱云年仅三十二岁，而以翰林出为太守，亦近来所仅见者，人皆代渠庆幸，而渠深以未得主考、学政为恨。且近日外官情形，动多掣肘[①]，不如京官清贵安稳，能得外差，固为幸事，即不得差，亦可读书养望，不染尘壒。岱云虽以得郡为荣，仍以失去玉堂为悔，自放官后，摒挡[②]月余，已于十二月二十八出京。是夕渠有家书到京，男拆开，接大人十一月二十四所示手谕，内叔父及九弟季弟各一信，彭茀庵表叔一信，具悉家中一切事。

前信言莫管闲事，非恐大人出入衙门，盖以我邑书吏欺人肥己，党邪嫉正，设有公正之乡绅，取彼所鱼肉之善良而扶植之，取彼所朋比之狐鼠而锄抑之，则于彼大有不便，必且造作谣言，加我以不美之名，进谗于官，代我构不解之怨。而官亦阴庇彼辈，外虽以好言待我，实则暗笑之而深斥之，甚且当面嘲讽。且此门一开，则求者踵至[③]，必将日不暇给，不如一切谢绝。今大人手示，亦云杜门谢客，此男所深为庆幸者也。

男身体平安，热毒至今未好，涂药则稍愈，总不能断根。十二月十二，蒙恩充补日讲起居注官，二十二日又得充文渊阁直阁事，两次恭谢天恩，兹并将原折付回。讲官共十八人，满八缺，汉十缺，其职司则皇上所到之处，须轮四人侍立。直阁事四缺，不分满汉，其职司则皇上临御经筵之日，四人皆侍立而已。

四弟、六弟皆有进境。孙男读书已至《陈风》，男妇及孙女等皆好。

欧阳牧云有信来京，与男商请封及荐馆事。二事男俱不能应允，故作书宛转告之。外办江绸套料一件，高参二两，鹿胶一斤，对联一付，为岳父庆祝之仪，恐省城寄家无便，故托彭棣楼带至衡阳学署。

朱尧阶每年赠谷四十石，受惠太多，恐难为报，今年必当辞却。小米四十石，不过值钱四十千，男每年可付此数到家，不可再受他谷，望家中力辞之。毅然家之银想已送矣，若未送，须秤元银三十二两，以渠来系纹银也。

男有挽联，托岱云交萧辛五转寄毅然家，想可无误。岱云归，男寄有冬菜十斤，阿胶二斤，笔四枝，墨四条，同门录十本。彭棣楼归，男寄有蓝顶二个，四品补服四付，俱交萧辛五家转寄，伏乞查收。

男谨禀

【注释】

① 动多掣肘：形容做事情易受限制约束。

② 摒挡：收拾。

③ 踵至：陆续到来。

禀父母·考与不考皆无关紧要

（道光二十六年三月二十五日）

男国藩跪禀父母亲大人万福金安：

上次男写信，略述癣病情形，有不去考差之意。近有一张姓医，包一个月治好，偶试一处[①]，居然有验。现在赶紧医治，如果得好，男仍定去考差，若不愈，则不去考差。总之，考与不考，皆无关紧要。考而得之，不过多得钱耳，考而不得，与不考同，亦未必不可支持度日。每年考差三百余人，而得差者通共不过七十余人。故终身翰林屡次考差而不得者，亦常有也，如我邑邓笔山、罗九峰是已。男只求平安，伏望堂上大人勿以得差为望。

四弟已写信言男病，男恐大人不放心，故特书此纸。

男谨禀

【注释】

① 一处：即一剂。

禀父母·附呈考差诗文

（道光二十六年五月十七日）

男国藩跪禀父母亲大人万福金安：

四月十七日男发第八号家信，言男一定考差。五月初二日赴圆明园，初六日在正大光明殿考试，共二百七十人入场，湖南凡十二人。首题“无为小人儒”，次题“任官惟贤才”一节，诗题“灵雨既零，得‘沾’字”。男两文各七百字，全卷未错落一字，惟久病之后，两眼朦胧，场中写前二开不甚得意，后五开略好。今年考差，好手甚多，男卷难于出色，兹命四弟誊头篇与诗一首寄回，伏乞大人赐观。知男在场中不敢潦草，则知男病后精神毫无伤损，可以放心；知男写卷不得意，则求大人不必悬望得差。堂上大人不以男病为忧，不以得差为望，则男心安恬矣。

男身上癣疾，经张医调治，已愈十之七矣。若从此渐渐好去，不过闰月可奏全效。寓中大小平安，男妇有梦熊之喜，大约八九月当生。四弟书法日日长进，冯树堂于五月十七到京，以后纪泽仍请树堂教，四弟可专心读书。六弟捐监，拟于本月内上兑，填写三代履历、里邻户长一切，男自斟酌，大人尽可放心。纪泽生书已读至“浩浩昊天”，古诗已读半本，书皆熟。三孙女皆平安。

同乡各家皆如常，惟湘阴易问斋（文浚）丁艰。湖南在京小考入学者六人，皆系好手。黄正斋小京官六年报满，三月已升主事。杜兰溪四月升员外郎，今年亦与考差。

京师今年久旱，屡次求雨，尚未优渥[①]，皇上焦思，未知南省年岁何如也？

男谨禀

【注释】

① 优渥：优待，优厚。此处指苍天仍未给予优厚的回报。

禀父母·贺六弟成就功名

（道光二十六年闰五月十五日）

男国藩跪禀父母亲大人万福金安：

五月十八日发第九号家信，内有考差诗文。男自考差后，癣疾日愈，现在头面已不甚显矣，身上自腰以上亦十去七八，自腿以下尚未治，万一放差，尽可面圣谢恩。但如此顽病而得渐好，已为非常之喜，不敢复设妄想矣。

六弟捐监，于五月二十八日具呈，闰月初兑银，二十一日可领照，六月初一日可至国子监考到，十五即可录科。仰承祖父、叔父之余荫，六弟幸得成就功名，敬贺敬贺。

男身体平安，现补气服汤药，内有高丽参、焦术。男妇及孙男女四人并如常。四弟自树堂来教书之后，四弟工课益勤。六弟近日文章虽无大进，亦未荒怠。余俟续呈。

男谨禀

禀父母·请敬接诰封轴

（道光二十六年七月初三日）

男国藩跪禀父母亲大人万福金安：

闰五月二十六日，男发家信第十一号，想已收到。邹云陔出粤西差，男寄有高丽参半斤、鹿胶一斤、膏药三十个、眼药三包、张湘纹金顶一品，大约七月初可到省城，家中月半后可接到也。

六弟六月初一日在国子监考到，题“视其所以”，经题“闻善以相告也”二句，六弟取列一百三名。二十五日录科，题“齐之以礼”，诗题“荷珠，得‘珠’字”，六弟亦取列百余名，两次皆二百余人入场。

男等身体皆平安，男妇及孙男女皆安泰。今年诰封轴数甚多，闻须八月始能办完发下；男于八月领到，即恳湖南新学院带至长沙。男另办祖父母寿屏一架，华山石刻陈抟所书寿字一个，新刻诰[①]封卷一百本，共四件，皆交新学院带回，转交陈岱云家。求父亲大人于九月二十六七赴省。邹云陔由广西归，过长沙不过十月初旬，渠有还男银八十两，面订交陈季牧手。父亲或面会云陔，或不去会他，即在陈宅接银亦可。十月下旬，新学院即可到省。渠有关防，父亲万不可去拜他，但在陈家接诰轴可也。

若新学院与男素不相识，则男另觅妥便寄回，亦在十月底可到省，最迟亦不过十一月初旬。父亲接到，带归县城，寄放相好人家或店内，至二十六日令九弟下县去接。二十八日夜，九弟宿贺家坳等处。二十九日祖母大人八十大寿，用吹手执事接诰封数里，接至家，于门外向北置一香案，案上竖圣旨牌位，将诰轴置于案上，祖父母率父母望北行三跪九叩首礼。

寿屏请萧史楼写。史楼现未得差，若八月不放学政，则渠必告假回籍，诰轴托渠带归亦可也，一切男自知裁酌。

兹寄回黄芽白菜子一包查收。余俟续呈。

男谨禀

【注释】

① 诰：同“告”，都是告诉的意思，但用法不同。下告上为“告”，上告下为“诰”或“诏”。秦以后“诏”只限于皇帝下命令用。宋以后“诰”只限于皇帝任命高级官吏或封爵时用。

禀父母·不敢求非分之荣

（道光二十六年九月十九日）

男国藩跪禀父母亲大人万福金安：

九月十七日接读第五、第六两号家信，喜堂上各老人安康，家事顺遂，无任欢慰。

男今年不得差，六弟乡试不售，想堂上大人不免内忧，然男则正以不得为喜。盖天下之理，满则招损，亢①则有悔，日中则昃②，月盈则亏，至当不易之理也。男毫无学识而官至学士，频邀非分之荣，祖父母、父母皆康强，可谓极盛矣。现在京官翰林中无重庆下者，惟我家独享难得之福。是以男栗栗恐惧，不敢求分外之荣，但求堂上大人眠食如常，阖家平安。即为至幸。万望祖父母、父母、叔父母，无以男不得差、六弟不中为虑，则大慰矣。况男三次考差，两次已得；六弟初次下场，年纪尚轻，尤不必挂心也。

同县黄正斋，乡试当外帘差，出闱即患痰病，时明时昏，近日略愈。

男癣疾近日大好，头面全看不见，身上亦好了九分。十八生女，男妇极平安，惟体太弱，满月当大补养。在京一切，男自知谨慎。

八月二十三日，折差处发第十四号信，二十七日，周缦云处寄寿屏，发十五号信。九月十二日，善化郑七处寄诰封卷六十本，发第十六号信，均求查收。

男谨禀

【注释】

① 亢：极，非常。

② 昃(zè)：降落。

禀父母·请四弟送归诰封轴

（道光二十六年十月十五日）

男国藩跪禀父母亲大人万福金安：

九月十九日发第十七号信，十月初五发十八号信，谅已收到。十二三四日内诰轴用宝，大约十八日可领到。同乡夏阶平吏部（家泰）丁内艰，二十日起程回南。男因渠是素服[①]，不便托带诰轴，又恐其在道上拜客，或有耽搁。祖母大人于出月二十九大寿，若赶紧送回，尚可于寿辰迎接诰轴，是以特命四弟束装出京，专送诰轴回家，与夏阶平同伴，计十一月十七八可到汉口。汉口到岳州不过三四天，岳州风顺则坐船，风不顺则雇轿，五天可到家。四弟到省即专人回家，以便家中办事，迎接诰命。

第凡事难以逆料，恐四弟道上或有风水阻隔，不能赶上祖母寿辰，亦未可知。家中做生日酒，且不必办。接诰封事，若四弟能到，二十七日有信，二十八办鼓手香亭，二十九接封可也。若二十七无四弟到省之信，则二十九但办寿筵，明年正月初八接封可也。倘四弟不归而托别人，不特二十九赶不上，恐初八亦接不到，此男所以特命四弟送归之意耳。

四弟数千里来京，伊意不愿遽归。男与国子监祭酒车意园先生商议，令四弟在国子监报名，先交银数十两，即可给予顶戴。男因具呈为四弟报名，先缴银三十两，其余俟明年陆续缴纳，缴完之日，即可领照。男以此打发四弟，四弟亦欣然感谢，且言愿在家中帮堂上大人照料家事，不愿再应小考，男亦颇以为然。

男等在京身体平安，男妇生女后亦平善。六弟决计留京。九弟在江西有信来，甚好。陈岱云待之如胞弟，饮食教诲，极为可感！书法亦大有长进，然无故而依人，究似非宜。男写书与九弟，嘱其今年偕郭筠仙同伴回家，大约年底可到家。男在京一切用度自有调停，家中不必挂心。

男谨禀

【注释】

① 素服：即丧服。

禀父母·谨遵家命一心服官

（道光二十七年三月初十日）

男国藩跪禀父母亲大人膝下：

昨初九日巳刻，接读大人示谕及诸弟信，借悉一切。祖父大人之病已渐愈，不胜祷祝，想可由此而全愈也。男前与朱家信，言无时不思乡土，亦久宦之人所不免，故前次家信亦言之。今即承大人之命，男则一意服官，不敢违拗，不作是想矣。

昨初六日派总裁房差，同乡惟黄恕皆一人（单另列，初八日题目亦另列）。男今年又不得差，则家中气运不致太宣泄，祖父大人之病必可以速愈，诸弟今年或亦可以入学，此盈虚自然之理也。

男癣病虽发，不甚狠①，近用蒋医方朝夕治之。渠言此病不要紧，可以徐愈，治病既好，渠亦不要钱，两大人不必悬念。

男妇及华男、孙男女身体俱好，均无庸挂虑。男等所望者，惟祖父大人病之速愈，暨两大人之节劳，叔母目疾速愈，俾叔父宽怀耳。余容另禀。

【注释】

① 不甚狠：不很厉害。

禀祖父·蒙皇上破格天恩从四品骤升二品

（道光二十七年六月十七日）

孙国藩跪禀祖父大人万福金安：

六月十五日接家中第九号信，系四月初三日四弟在县城发者。知祖父身体康强，服刘三爷之药，旧恙已经全愈，孙等不胜欣喜。前五月底，孙发第五号信，言大考蒙恩记名赏缎事，想家中已收到。

六月初二，孙荷蒙皇上破格天恩，升授内阁学士兼礼部侍郎衔。由从四品骤升二品，超越四级，迁擢不次，惶悚实深。初六日考试教习，孙又蒙天恩派为阅卷大臣。初六日入闱，初七日王大臣点名。士子入闱者，进士、举人共三百八十余名，贡生入闱者一百七十余名。初八早发题纸，十一日发榜，十三日复试，十四日复命。初三日谢恩及十四复命，两次召见，奏对尚无愆误，教习取中额数共一百二十一名，湖南得取十一人，另有全单。

十七日冯树堂回南，孙寄回红顶二个、二品补服三付及他物，另有单。大约八月初旬可到省，存陈季牧家中。望大人于中秋前后专人至省来接，命九弟写信与季牧可也。

孙等身体平安，癣疾已将全好，头上竟看不见。孙妇及曾孙男女皆好。余俟续具。

孙谨禀

致诸弟·蒙皇恩得派武会试正总裁

（道光二十七年十月十五日）

澄侯、沅甫、季洪三弟足下：

十月十二日接到九月初六澄弟在县学宪行台所发信，十五日又接二十三日在省城曾子庙所发信。其八月在省各信，已于前月收到，前次信已提及矣。惟九月一日托树堂代寄一信，今尚未到。

京寓大小平安，余之癣疾近日已全好，百分中不过一二分未复元，皆生首乌之功也。六弟近日体亦好。内人怀喜，大约明年正月分娩。甲三兄妹皆好。甲三读至《滕文公上》，大女读至《颜渊第十二》。

余蒙皇上天恩，得派武会试正总裁，又派武殿试读卷大臣。会试于十三日入闱，十七发榜，复命后始归。殿试三十日入内阁，初四发榜始归，共中额六十四人。殿试读卷，不过阅其默写武经。其弓矢技勇，皆皇上亲自阅看。初二日，皇上在紫光阁阅马步箭。初三日，皇上在景运门外箭亭内看弓刀石，读卷大臣及兵部堂官两日皆在御前侍班。湖南新进士谌琼林以石力不符，罚停殿试一科。今年但有状元、榜眼而无探花，仰见皇上慎重科名之意。

同乡诸公并皆如常。黄恕皆喉痛，病势甚重。郑小珊随大钦差至河南办赈济。近日河南大旱，山东盗贼蜂起，行旅为之不安。

十月九日父亲大人寿辰，余因家中有祖母之之［此字衍］制，故未宴客，早晚皆仅一席。凌荻舟现就园子一馆，其回城内则寓余处。宋芗宾在余家教书，亦甚相得。余不尽书。

兄国藩手草

致诸弟·述奉旨为较射大臣

（道光二十九年十月初四日）

澄侯、温甫、子植、季洪四位老弟足下：

八月十二日发第十五号家信，九月二十二日发第十六号家信，想次第收到。十月初二日接到澄弟八月二十六一书，具悉一切。

是日又从岱云书内见南省题名录，三弟皆不与选，为之怅喟。吾家累世积德，祖父及父、叔二人皆孝友仁厚，食其报者，宜不止我一人，此理之可信者。吾邑从前邓、罗诸家官阶较大，其昆季子孙皆无相继而起之人，此又事之不可必者。吾近于宦场，颇厌其繁俗而无补于国计民生，惟势之所处，求退不能。但愿得诸弟稍有进步，家中略有仰事之资，即思决志归养，以行吾素。今诸弟科第略迟，而吾在此间公私万事丛集，无人帮照，每一思之，未尝不作茫无畔岸之想也。

吾现已定计，于明年八月乞假归省，后年二月还京，专待家中回信详明见示。今年父亲六十大寿，吾竟不克在家叩祝，悚疚之至。

十月初四日，奉旨派作较射大臣。顺天武闱乡试，于初五六马箭，初七八步箭，初九十技勇，十一发榜，十二复命。此八日皆入武闱，不克回寓。父亲寿辰，并不能如往年办面席以宴客也。然予既定计明年还家庆寿，则今年在京即不称觞①，犹与吾乡重逢一不重晋十之例相合。

家中分赠亲族之钱，吾恐银到太迟，难于换钱，故前次为书寄德六七叔祖，并办百褶裙送叔曾祖母。现在廷芳宇（桂）尚未起行，大约年底乃可到湖南。若曾希六、陈体元二家必待照到乃送钱来，则我家今年窘矣。二家捐项，我在京共去京平足纹二百四十一两六钱，若合南中曹平，则当二百三十六两五钱。渠送钱若略少几千，我家不必与之争，盖丁酉之冬，非渠煤垅则万不能进京也。明年春间应寄家用之钱，乞暂以曾陈捐项用之。我上半年只能寄鹿茸，下半年乃再寄银耳。

《皇清经解》一书，不知取回否？若未取回，可专人去取。盖此等书诸弟略一涉猎，即扩见识，不宜轻以赠人也。

明年小考，须送十千，大场又须送十千。此等钱家中有人分领，便是一家之祥瑞，但澄弟须于在省城时张罗此项，付各考者，乃为及时。

京寓大小平安。纪泽儿已病两月，近日痊愈，今日已上书馆矣。纪鸿儿极结实，声音洪亮异常。仆婢辈皆守旧。同乡各家亦皆无恙。邹墨林尚住我家。张雨农之子闱艺甚佳而不得售，近又已作文数首，其勇往可畏爱也。书不详尽，写此毕即赴武闱，十二始归寓。余俟后报。

国藩手草

【注释】

① 觞：古代喝酒用的器具，此处引申为摆酒设宴。

致诸弟·余欲推社仓之法以惠地方

（咸丰元年四月初三日）

澄侯、温甫、子植、季洪四位老弟左右：

三月初四日，此间发第三号家信交折弁。十二日发第四号信交魏亚农，又寄眼药鹅毛筒及硇砂膏药共一包，计可于五月收到。

季洪三月初六所发第三号信，于四月初一日收到。

邓升六爷竟尔仙逝，可胜伤悼！如有可助恤之处，诸弟时时留心。此不特戚谊，亦父大人多年好友也。

乡里凶年赈助之说，予曾与澄弟言之，若逢荒歉之年，为我办二十石谷，专周济本境数庙贫乏之人。自澄弟出京之后，予又思得一法，如朱子社仓之制，若能仿而行之，则更为可久。朱子之制：先捐谷数十石或数百石贮一公仓内，青黄不接之月借贷与饥民，冬月取息二分收还（每石加二斗），若遇小歉则蠲其息之半（每石加一斗），大凶年则全蠲之（借一石还一石），但取耗谷三升而已。朱子此法行之福建，其后天下法之，后世效之，今各县所谓社仓谷者是也，其实名存实亡。每遇凶年，小民曾不得借贷颗粒，且并社仓而无之。仅有常平仓谷，前后任尚算交代，小民亦不得过而问焉。盖事经官吏，则良法美政，后皆归于子虚乌有。

国藩今欲取社仓之法而私行之我境。我家先捐谷二十石，附近各富家亦劝其量为捐谷。于夏月借与贫户，秋冬月取一分息收还（每石加一斗）。丰年不增，凶年不减。凡贫户来借者，须于四月初间告知经管社仓之人。经管量谷之多少，分布于各借户，令每人书券一纸，冬月还谷销券。若有不还者，同社皆理斥，议罚加倍。以后每年我家量力添捐几石。或有地方争讼，理曲者，罚令量捐社谷少许。每年增加，不过十年，可积至数百石，则我境可无饥民矣。盖夏月谷价昂贵，秋冬价渐平落，数月之内，一转移之间，而贫民已大占便宜，受惠无量矣。

吾乡昔年有食双谷者，此风近想未息。若行此法，则双谷之风可息。前与澄弟面商之，说我家每年备谷救地方贫户。细细思之，施之既不能及远，行之又不可以久。且其法止能济下贫乞食之家，而不能济中贫体面之家。不若社仓之法，既可以及于远，又可以贞于久；施者不甚伤惠，取者又不伤廉，即中贫体面之家亦可以大享其利。本家如任尊、楚善叔、宽五、厚一各家，亲戚如宝田、腾七、宫九、荆四各家，每年得借社仓之谷，或亦不无小补。澄弟务细细告之父大人、叔父大人，将此事于一二年内办成，实吾乡莫大之福也。

我家捐谷，即写曾呈祥、曾呈材双名。头一年捐二十石，以后每年或三石，或五石，或数十石，地方每年有乐捐者，或多或少不拘，但至少亦须从一石起。吾思此事甚熟，澄弟试与叔大人细思之，并禀父亲大人，果可急于施行否？近日即以回信告我。

京寓大小平安。保定所发家信，三月末始到。赛中堂于初九日出京赴广西。考差在四月十四。同乡林昆圃于三月中旬作古。予为之写知单，大约可得百金。熊秋佩丁外艰。余无他事。予前所寄折稿，澄弟可钞一分交彭筱房，并托转寄江岷樵。抄一分交刘霞仙，并托转寄郭筠仙。

赛中堂视师广西，带小钦差七十五人，京兵二百四十名，京炮八十八尊，抬枪四十杆，铅子万余斤，火药数千斤。沿途办差，实为不易。粤西之事，日以猖獗。李石梧与周天爵、向荣皆甚不和，未知何日始得廓清。圣主宵旰焦灼，廷臣亦多献策，而军事非亲临其地，难以遥度。故予屡欲上折，而终不敢率尔也。余不一一。

兄国藩手草

致诸弟·进谏言戒除骄矜

（咸丰元年五月十四日）

澄侯、温甫、子植、季洪四位老弟足下：

四月初三日发第五号家信。厥后折差久不来，是以月余无家书。五月十二折弁来，接到家中四号信，乃四月一日所发者，具悉一切。植弟大愈，此最可喜。

京寓一切平安。癣疾又大愈矣，比去年六月更无形迹；去年六月之愈，已为五年来所未有，今又过之，或者从此日退，不复能为恶矣。皮毛之疾，究不甚足虑，久而弥可信也。

四月十四日考差，题“乐民之乐者，民亦乐其乐”，经文题“必有忍，乃其［其乃］有济，有容德乃大”，赋得“濂溪乐处，得焉字”。

二十六日，余又进一谏疏，敬陈圣德三端，预防流弊，其言颇过激切，而圣量如海，尚能容纳，岂汉唐以下之英主所可及哉！余之意，盖以受恩深重，官至二品，不为不尊；堂上则诰封三代，儿子则荫任六品，不为不荣；若于此时再不尽忠直言，更待何时乃可建言？而皇上圣德之美，出于天亶自然，满廷臣工，遂不敢以片言逆耳，将来恐一念骄矜，遂至恶直而好谀，则此日臣工不得辞其咎。是以趁此元年新政，即将此骄矜之机关说破，使圣心日就兢业而绝自是之萌，此余区区之本意也。现在人才不振，皆谨小而忽于大，人人皆习脂韦唯阿①之风，欲以此疏稍挽风气，冀在廷皆趋于骨鲠②，而遇事不敢退缩，此余区区之余意也。折子初上之时，余意恐犯不测之威，业将得失祸福置之度外矣。不意圣慈含容，曲赐矜全。自是以后，余益当尽忠报国，不得复顾身家之私矣。

然此后折奏虽多，亦断无有似此折之激直者。此折尚蒙优容，则以后奏折必不致或触圣怒可知矣。诸弟可将吾意细告堂上大人，毋以余奏折不慎，或以戆直干天威为虑也。父亲每次家书，皆教我尽忠图报，不必系念家事。余敬体吾父之教训，是以公尔忘私，国尔忘家。计此后但略寄数百金偿家中旧债，即一心以国事为主，一切升官得差之念，毫不挂于意中。故昨五月初七大京堂考差，余即未往赶考。

侍郎之得差不得差，原不关乎与考不与考。上年己酉科，侍郎考差而得者三人：瑞常、花沙纳、张芾是也。未考而得者亦三人：灵桂、福济、王广荫是也。今年侍郎考差者五人，不考者三人。是日题“以义制事以礼制心论”，诗题“楼观沧海日”，得“涛”字。五月初一放云贵差，十二放两广、福建三省，名见京报内，兹不另录。袁漱六考差颇为得意，诗亦工妥，应可一得，以救积困。

朱石翘明府初政甚好，自是我邑之福。余下次当写信与之。霞仙得县首，亦见其犹能拔取真士。刘继振既系水口近邻，又送钱至我家求请封典，义不可辞，但渠三十年四月选授训导，已在正月二十六恩诏之后，不知尚可办否，当再向吏部查明。如不可办，则当俟明年四月升祔恩诏，乃可呈请；若并升祔之时，推恩不能及于外官，则当以钱退还。家中须于近日详告刘家，言目前不克呈请，须待明年六月，乃有的信耳。

澄弟河南一汉口之信皆已接到，行路之难，乃至于此！自汉口以后，想一路载福星矣。刘午峰、张星垣、陈谷堂之银，皆可收，刘、陈尤宜受之，不受反似拘泥。然交际之道，与其失之滥，不若失之隘，吾弟能如此，乃吾之所以欣慰者也。西垣四月二十九到京，住余宅内，大约八月可出都。

此次所寄折底，如欧阳家、汪家及诸亲族不妨钞送共阅，见余忝窃高位，亦欲忠直图报，不敢唯阿取容，惧其玷辱宗族，辜负期望也。余不一一。

兄国藩手草

【注释】

① 脂韦唯阿：脂韦，比喻世故圆滑、阿谀逢迎。唯阿，唯唯诺诺、人云亦云。

② 骨鲠：比喻正直、刚健。

致诸弟·详述办理巨盗及公议粮饷事

（咸丰元年八月十九日）

澄侯、温甫、子植、季洪四位老弟足下：

八月十四日发第九号信，至十七日接到家信第七、第八二号，欣悉一切。

左光八为吾乡巨盗，能除其根株，扫其巢穴，则我境长享其利，自是莫大阴功。第湖南会匪所在勾结，往往牵一发而全神皆动。现在制军程公特至湖南，即是奉旨查办此事。盖恐粤西匪徒穷窜，一入湖南境内，则楚之会匪因而窃发也。左光八一起，想尚非巨伙入会者流，然我境办之，亦不可过激而生变。现闻其请正绅保举，改行为良，且可捉贼自效，此自一好机会。万一不然，亦须相机图之，不可用力太猛，易发难收也。

公议粮饷一事，果出通邑之愿，则造福无量。至于帮钱垫官之亏空，则我家万不可出力。盖亏空万六千两，须大钱三万余千，每都几[①]须派千串。现在为此说者，不过数大绅士，一时豪气，为此急公好义之言。将来各处分派，仍是巧者强者少出而讨好于官之前，拙者弱者多出而不免受人之勒。穷乡殷实小户，必有怨声载道者矣。且此风一开，则下次他官来此，既引师令之借钱办公为证，又引朱令之民帮垫亏为证，或亦分派民间出钱帮他，反觉无辞以谢。若相援为例，来一官帮一官，吾邑自此无安息之日矣。

凡行公事，须深谋远虑。此事若各绅有意，吾家不必拦阻；若吾家倡议，则万万不可。且官之补缺皆有呆法[②]，何缺出轮何班补，虽抚藩不能稍为变动。澄弟在外多年，岂此等亦未知耶？朱公若不轮到班，则虽帮垫亏空，通邑挽留，而格于成例，亦不可行；若已轮到班，则虽不垫亏空，亦自不能不补此缺也。间有特为变通者，督抚专折奏请，亦不敢大违成例。季弟来书，若以朱公之实授与否，全视乎亏空之能垫与否，恐亦不尽然也。

曾仪斋若系革职，则不复能穿补子，若系大计休致，则尚可穿。

季弟有志于道义身心之学，余阅其书，不胜欣喜。凡人无不可为圣贤，绝不系乎读书之多寡。吾弟诚有志于此，须熟读《小学》及《五种遗规》二书，此外各书能读固佳，不读亦初无所损，可以为天地之完人，可以为父母之肖子，不必因读书而后有所加于毫末也。匪[③]但四六古诗可以不看，即古文为吾弟所愿学者，而不看亦自无妨，但守《小学》、《遗规》二书，行一句算一句，行十句算十句，贤于记诵词章之学万万矣。

季弟又言愿尽孝道，惟亲命是听，此尤足补我之缺憾。我在京十余年，定省有阙，色笑远违，寸心之疚，无刻或释。若诸弟在家能婉愉孝养，视无形，听无声，则余能尽忠，弟能尽孝，岂非一门之祥瑞哉？愿诸弟坚持此志，日日勿忘，则兄之疚可以稍释，幸甚幸甚！书不十一，余俟续具。

兄国藩手草

【注释】

① 畿：京城所管住的地区。

② 呆法：固定的方法。

③ 匪：同“非”。

禀父亲·招募湘勇是为大局出发

（咸丰三年十月初四日）

男国藩跪禀父亲大人万福金安：

屡次接到二十三日、二十八日、二十九日、初二日手谕，敬悉一切。

男前所以招勇往江南杀贼者，以江岷樵麾下人少，必须万人一气诸将一心，而后渠可以指挥如意，所向无前。故八月三十日寄书与岷樵，言陆续训练，交渠统带。此男练勇往江南之说也。

王璞山因闻七月二十四日江西之役，谢、易四人殉难、乡勇八十人阵亡，因大发义愤，欲招湘勇二千前往两江杀贼，为易、谢诸人报仇——此璞山之意也。男系为大局起见，璞山系为复仇起见；男兼招宝庆、湘乡及各州县之勇，璞山则专招湘乡一县之勇；男系派六千人，合在江西之宝勇、湘勇足成万人，概归岷樵统带，璞山则招二千人由渠统带。男与璞山大指虽同，中间亦有参差不合之处。恐家书及传言但云招勇往江南，而其中细微分合之故，未能尽陈于大人之前也。

自九月以来，闻岷樵本县之勇皆溃散回楚，而男之初计为之一变。闻贼匪退出江西，回窜上游，攻破田家镇，逼近湖北，而男之计又一变。而璞山则自前次招勇报仇之说通禀抚藩各宪，上宪皆嘉其志而壮其才。昨璞山往省，抚藩命其急招勇三千赴省救援。闻近日在涟滨开局，大招壮勇，即日晋省。器械未齐，训练未精，此则不特非男之意，亦并非璞山之初志也。事势之推移有不自知而出于此，若非人力所能自主耳。

季弟之归，乃弟之意，男不敢强留。昨奉大人手示，严切责以大义，不特弟不敢言归，男亦何敢稍存私见，使胞弟迹近规避，导诸勇以退缩之路？现令季弟仍认（按：此处抄本缺数行字）之不可为，且见专用本地人之有时而不可恃也。

男现在专思办水战之法，拟簰与船并用。湘潭驻扎，男与树堂亦尝熟思之。办船等事，宜离贼踪略远，恐未曾办成之际，遽尔蜂拥而来，则前功尽弃。

朱石翁已至湖北，刻难遽回。余湘勇留江西吴城者，男已专人去调矣。江岷樵闻亦已到湖北省城。谨此奉闻。

男办理一切，自知谨慎，求大人不必挂心。

男谨禀

禀父亲·军中要务

（咸丰四年三月二十五日巳刻）

男国藩跪禀父亲大人万福金安：

二十二日接到十九日慈谕，训诫军中要务数条，谨一一禀复：

一、营中吃饭宜早，此一定不易之理。本朝圣圣相承，神明寿考，即系早起能振刷精神之故。即现在粤匪暴乱，为神人所共怒，而其行军，亦系四更吃饭，五更起行。男营中起太晏，吃饭太晏，是一大坏事。营规振刷不起，即是此咎。自接慈谕后，男每日于放明炮时起来，黎明看各营操演。而吃饭仍晏，实难骤改，当徐徐改作天明吃饭，未知能做得到否。

一、扎营一事，男每苦口教各营官，又下札教之，言筑墙须八尺高，三尺厚；壕沟须八尺宽，六尺深；墙内有内濠一道，墙外有外濠二道或三道；壕内须密钉竹签云云。各营官总不能遵行。季弟于此等事尤不肯认真，男亦太宽，故各营不甚听话。岳州之溃败，即系因未能扎营之故。嗣后当严戒各营也。

一、调军出战，不可太散。慈谕所戒，极为详明。昨在岳州，胡林翼已先至平江，通城屡禀来岳请兵救援，是以于初五日遣塔、周继往。其岳州城内王璞山有勇二千四百，朱石樵有六百，男三营有一千七百，以为可保无虞矣，不谓璞山至羊楼司一败，而初十开仗，仅男三营与朱石樵之六百人，合共不满二千人，而贼至三万之多，是以致败。此后不敢分散。然即合为一气，而我军仅五千人，贼尚多至六七倍，拟添募陆勇万人，乃足以供分布耳。

一、破贼阵法，平日男训诫极多，兼画图训诸营官。二月十三日，男亲画贼之莲花抄尾阵，寄交璞山，璞山并不回信；寄交季弟，季弟回信言贼了无伎俩，并无所谓抄尾阵；寄交杨名声、邹寿璋等，回信言当留心。慈训言当用常山蛇阵法，必须极熟极精之兵勇乃能如此。昨日岳州之败，贼并未用抄尾法，交手不过一个时辰，即纷纷奔退。若使贼用抄尾法，则我兵更胆怯矣。若兵勇无胆无艺，任凭好阵法，他也不管，临阵总是奔回，实可痛恨。

一、拿获形迹可疑之人，以后必严办之，断不姑息。

以上各条，谨一一禀复，再求慈训。

男谨禀

致诸弟·喜闻九弟得优贡

（咸丰五年九月三十日）

澄侯、温甫、子植、季洪四位老弟足下：

二十六日王如一、朱梁七至营，接九月初二日家书，二十九日刘一、彭四至营，又接十六日家书，具悉一切。

沅弟优贡喜信，此间二十三日彭山屺接家信，即已闻之。二十七日得左季高书，始知其实。二十九日得家书乃详也。沅弟在省，寄书来江西大营甚便，何以未以一字报平安耶？（宽十来有一信。）在省城刊刻朱卷，应酬亲友，计非一月不能了办，十月初当可回家，为父亲叩祝大寿。各省优贡朝考，向例在明年五月，沅弟可于明年春间进京。若由浙江一途，可便道由江西至大营，兄弟聚会。吾有书数十箱在京，无人照管，沅弟此去，可经理一番也。

自七月以来，吾得闻家中事有数件可为欣慰者：温弟妻妾皆有梦熊之兆，足慰祖父母于九泉，一也；家中妇女大小皆纺纱织布，闻已成六七机，诸子侄读书尚不懒惰，内外各有职业，二也；阖境[①]丰收，远近无警，此间兵事平顺，足安堂上老人之心，三也。今又闻沅弟喜音，意吾家高曾以来，积泽甚长，后人食报，更当绵绵不尽。吾兄弟年富力强，尤宜时时内省，处处反躬自责，勤俭忠厚，以承先而启后，互相勉励可也。

内湖水师久未开仗，日日操练，夜夜防守，颇为认真。周凤山统领九江陆军，亦尚平安。李次青带平江勇三千在苏官渡，去湖口县十里，颇得该处士民之欢心。茶陵州土匪，间窜扰江西之莲花厅永新县境内，吉安人心震动。顷已调平江勇六百五十人前往剿办，又派水师千人往吉防堵河道，或可保全。

余癣疾迄未大愈，幸精神尚可支持。王如一等来，二十四日始到。余怒其太迟，令其即归，发途费九百六十文，家中不必加补，以为懒漫者戒。宽十在营住一个月，打发银六两，途费四千。罗山于十四日克复崇阳后，尚无信来。

罗研生兄于今日到营。纪泽、纪梁登九峰山诗，文气俱顺，且无猥琐之气，将来或皆可冀有成立也，余不一一。

兄国藩手草书于屏风水营

【注释】

① 阖境：即全境，这里指是家乡。

致九弟·为政切不可疏懒

（咸丰八年正月十一日）

沅甫九弟左右：

初七、初八连接弟由便足寄回及由胡二、安七送回两信，具悉一切。

亮一去时，信中记封有报销折稿，来信未经提及，或未得见耶？

二十六日早地孔轰倒城垣数丈，而未克成功，此亦如人之生死迟早，时刻自有一定，不可强也。

总理既已接札，则凡承上起下之公文，自不得不照申照行，切不可似我疏懒，置之不理也。余生平之失，在志大而才疏，有实心而乏实力，坐是百无一成。李云麟之长短，亦颇与我相似，如将赴湖北，可先至余家一叙再往。润公近颇综核[1]名实，恐亦未必投洽[2]无间也。

初八日祖父大人八十四冥诞，共二十席，彭寿七、曾题五等皆来，留萧丕八之龙午饭。初九日温弟妇来曾家坳住，二妹子亦同在彼。七十侄女则回老屋。纪泽随易芝生至罗、李、峙衡三家拜年，即至沅堂先生家吊其师母之丧。温弟十一日至永丰等处拜年。澄弟拟节后至城一次。王福、韩升均不在此，余甚不方便。

近日身体略好，惟回思历年在外办事，愆咎甚多，内省增疚。饮食起居，一切如常，无劳廑虑。今年若能为母亲大人另觅一善地，教子侄略有长进，则此中豁然畅适矣。弟年纪较轻，精力略胜于我，此际正宜提起全力，早夜整刷。昔贤谓宜用猛火煮、慢火温，弟今正用猛火之时也。

李次青之才，实不可及。吾在外数年，独觉惭对此人。弟可与之常通书信，一则少表余之歉忱，一则凡事可以请益。

玉班兄送弟二十二史甚好。余京中书籍，承漱六专人取出，带至江苏松江府署中，此后或易搬回。书虽不可不看，弟此时以营务为重，则不宜常看书。凡人为一事，以专而精，以纷而散。荀子称耳不两听而聪，目不两视而明，庄子称用志不纷，乃凝于神，皆至言也。

家中四宅，大小平安。甲五目疾，右目尚未好，略有光，能辨对联字耳，左目已将全好。因谷四胡子仙逝，今日自往一吊，余亦未出门也。诸不详尽，顺问近好。

兄国藩手具

【注释】

① 综核：综合核查的意思。

② 投洽：投契融洽的意思。

致九弟季弟·以习劳苦为办事之本

（咸丰十年七月初八日）

沅、季弟左右：

初七日接沅弟初三日信、季弟初二日信。旋又接沅弟初四日信。所应复者，条列如左：

辅卿而外，又荐意卿、柳南二人，甚好。柳南之笃慎，余深知之。意卿谅亦不凡。余告筱辅观人之法，以有操守而无官气、多条理而少大言为主。又嘱其求润帅、左、郭及沅荐人。以后两弟如有所见，随时推荐，将其人长处短处一一告知阿兄，或告筱荃，尤以习劳苦为办事之本。引用一班能耐劳苦之正人，日久自有大效，无以“不敢冒奏”四字塞责。

季弟言出色之人断非有心所能做得，此语确不可易。名位大小，万般由命不由人，特父兄之教家、将帅之训士不能如此立言耳。季弟天分绝高，见道甚早，可喜可爱，然办理营中小事，教训弁勇，仍宜以勤字作主，不宜以命字谕众。

润帅先幾陈奏以释群疑之说，亦有函来余处矣。昨奉六月二十四日谕旨，实授两江督兼授钦差大臣。恩眷方渥。尽可不必陈明。所虑者，苏、常、淮、扬无一枝劲兵前往。位高非福，恐徒为物议之张本耳。

余好出汗，沅弟亦好出汗，似不宜过劳，宜常服黄耆。京茸已到，日内专人送去。

致九弟季弟·以勤字报君以爱民二字报亲

（咸丰十年七月十二日）

沅、季弟左右：

十二早接弟贺信，系初七早所发，嫌到此太迟也。

兄膺此巨任，深以为惧。若如陆、何二公之前辙[①]，则诒我父母羞辱，即兄弟子侄亦将为人所侮。祸福倚仗［伏］之幾，竟不知何者为可喜也。

默观近日之吏治、人心及各省之督抚将帅，天下似无戡定之理。吾惟以一勤字报吾君，以爱民二字报吾亲。才识平常，断难立功，但守一勤字，终日劳苦，以少分宵旰[②]之忧。行军本扰民之事，但刻刻存爱民之心，不使先人之积累自我一人耗尽，此兄之所自矢者，不知两弟以为然否？愿我两弟亦常常存此念也。

沅弟“多置好官，遴选将才”二语极为扼要，然好人实难多得，弟为留心采访，凡有一长一技者，兄断不敢轻视。

谢恩折今日拜发。宁国日内无信，闻池州杨七麻子将往攻宁，可危之至！

【注释】

① 前辙：旧路，老路。

② 宵旰：指皇上。

致九弟·暂缓祭祀望溪

（咸丰十一年六月二十九日）

沅弟左右：

专人至，接来信，城池未克，而遽索犒赏之古文，未免揭盖太早。湖南主考放王淞、胡家玉。毛公之奏停，系听胡恕堂言，浙江之失，由先年借办江南乡试，招引奸细入城云云，兹将毛信抄寄一阅。虽不免士子之讥议，而为慎守省城起见，毛固不失为贤者耳。

润公专人守候，余因作《箴言书院记》，勉强交卷，文不称意，抄寄弟阅。

四伪王究由宿松至怀、桐否？查明见告。日内闻池州之贼已退，不知确否？即问近好。六月廿九日。

再，望溪先生之事，公私均不甚惬。公牍中须有一事实册，将生平履历，某年中举中进士，某年升官降官，某年得罪，某年昭雪，及生平所著书名，与列祖褒赞其学问品行之语，一一胪列，不作影响约略之词，乃合定例。

望溪两次获罪，一为戴名世《南山集》序，入刑部狱，一为其族人方某忘其名挂名逆案，将方氏通族编入旗籍，雍正间始准赦宥，免隶旗籍，望溪文中所云“因臣而宥及合族“者也。今欲请从祀孔庙，须将两案历奉谕旨一一查出，尤须将国史本传查出，恐有严旨碍眼者易于驳诘①。

从前入祀两庑之案，数十年而不一见，近年层见迭出，几于无岁无之。去年大学士九卿等议复陆秀夫从祀之案，声明以后外间不得率请从祀，兹甫及一年，若遽违新例而入奏，必驳无疑。

右三者公事之不甚惬者也。

望溪经学，勇于自信，而国朝巨儒多不甚推服，《四库书目》中，于望溪每有贬词，《皇清经解》中并未收其一册一句。姬传先生最推崇方氏，亦不称其经说。其古文号为一代正宗，国藩少年好之，近十余年亦别有宗尚矣。国藩于本朝大儒，学问则宗顾亭林、王怀祖两先生，经济则宗陈文恭公，若奏请从祀，须自三公始。李厚庵与望溪，不得不置之后图。

右私志之不甚惬者也。

【注释】

① 驳诘：驳诉诘责。

用人篇

致诸弟·述营中急需人才

（咸丰五年四月二十日）

澄、温、沅、季四位贤弟左右：

十六日在南康府，接父亲手谕及澄沅两弟、纪泽儿之信，系刘一送来；二十日接澄弟一信，系林福秀由县送来，具悉一切。

余于十三日自吴城进扎南康，水师右营、后营、向导营于十三日进扎青山。十九日，贼带炮船五六十号、小划船五六十号前来扑营，鏖战二时，未分胜负。该匪以小划二十余号又自山后攒出，袭我老营。老营战船业已全数出队，仅坐船水手数人及所雇民船水手，皆逃上岸。各战船哨官见坐船已失，遂尔慌乱，以致败挫。幸战舟炮位毫无损伤，犹为不幸中之大幸。且左营、定湘营尚在南康，中营尚在吴城，是日未与其事，士气依然振作。现在六营三千人同泊南康，与陆勇平江营三千人相依护，或可速振军威。

现在余所统之陆军，塔公带五千人在九江，罗山带三千五百人在广信一带，次青带平江三千人在南康，业已成为三枝，人数亦极不少。赵玉班带五百湘勇来此，若独成一枝，则不足以自立；若依附塔军、依附罗军，则去我仍隔数百里之远；若依附平江营则气类不合。且近日口粮实难接济，玉班之勇可不必来。玉班一人独来，则营中需才孔亟[①]，必有以位置之也。

蒋益澧之事，唐公如此办理甚好。密传其家人，详明开导，勒令缴出银两，足以允服人心，面面俱圆。请蘋翁即行速办，但使探骊得珠，即轻轻着笔，亦可以办到矣。

此间自水师小挫后，急须多办小划以胜之，但乏能管带小划之人。若有实能带小划者，打仗时并不靠他冲阵，只要开仗之时，在江边攒出攒入，眩贼之眼，助我之势，即属大有裨益。吾弟若见有此等人，或赵玉班能荐此等人，即可招募善驾小划之水手一百余人来营。冯玉珂所缴水勇之抢银，及各银应缴营者，可酌用为途费也。

余在营平安，惟癣疾未愈，精神不足，诸事未能一一照管。小心谨慎，冀尽人事以听天命。诸不详尽，统俟续布。父亲、叔父大人前恭请福安。南康城外水营。

兄国藩手草

顷与魏荫亭谈及招小划水勇一事，渠可回家与萧可卿商办。大约每划五人，五划立一哨官，每百人四哨官，十余哨即立一营官。此不难于招勇，而难于选求哨官营官。澄弟若见有可当哨官者，或令其来营，或荐与荫亭。勇则不必招，听萧、魏办理可也。

【注释】

① 孔亟：孔，很，甚。亟，急，急促。

致诸弟·调彭雪琴来江

（咸丰五年七月初八日）

澄侯、温甫、子植、季洪四位老弟左右：

刘朝相来营，得植弟手书，具审一切。

内湖水师自六月十五日开仗后，至今平安。本拟令李次青带平江勇渡鄱湖之东，与水师会攻湖口，奈自六月底至今，十日大风，不克东渡。初四日风力稍息，平勇登舟，甫经解缆，狂飙大作，旋即折回。弁勇衣被帐棚，寸缕皆湿。天意茫茫，正未可知，不知湖口之贼，运数不宜遽灭乎？抑此勇渡湖，宜致败挫，故特阻其行，以保全此军乎？现拟俟月半后，请塔军渡湖会剿。

罗山进攻义宁，闻初四日可至界上，初五六日当可开仗。湖南三面用兵，骆中丞请罗山带兵回湘，业经入奏。如义宁能攻破，恐罗山须回湖南保全桑梓[1]，则此间又少一劲旅矣。内湖水师，船炮俱精，特少得力营官，现调彭雪琴来江，当有起色。

盐务充饷，是一大好事，惟浙中官、商多思专其利。邵位西来江会议，已有头绪，不知渠回浙后，彼中在事人能允行否？舍此一筹，则饷源已竭，实有坐困之势。

东安土匪，不知近日何如？若不犯邵阳界，则吾邑尚可不至震惊。

带兵之事，千难万难。澄弟带勇至衡阳，温弟带勇至新桥，幸托平安，嗣后总以不带勇为妙。吾阅历二年，知此中构怨之事、造孽之端不一而足，恨不得与诸弟当面一一缕述之也。诸弟在家，侍奉父亲，和睦族党，尽其力之所能为。至于练团带勇，却不宜过于出头。澄弟在外已久，谅知吾言之具有苦衷也。

宽二弟去年下世，未寄奠分[2]，至今歉然于心。兹付回银贰拾两，为宽二奠金，望送交任尊叔夫妇手收。植弟前信言身体不健。吾谓读书不求强记，此亦养身之道。凡求强记者，尚有好名之心横亘于方寸，故愈不能记；若全无名心，记亦可，不记亦可，此心宽然无累，反觉安舒，或反能记一二处，亦未可知。此余阅历语也。植弟试一体验行之。

余不一一，即问近好。并求禀呈父亲大人万福金安，叔父大人福安。

国藩手具

【注释】

① 桑梓：原意思是家乡、故乡，此处指军队。

② 奠分：即奠仪。

致九弟·催周凤山速来

（咸丰六年九月十七日）

沅甫九弟足下：

十七日李观察处递到家信，系沅甫弟在省城所发者。黄南兄劝捐募勇，规复吉安，此豪杰之举也。南路又出此一枝劲兵，则贼势万不能支。

金田老贼，癸、甲两年北犯者，既已只轮不返，而曾天养、罗大纲之流亦频遭诛殛[①]。现存悍贼惟石达开、韦俊、陈玉成数人，奔命于各处，实有日就衰落之势。所患江西民风柔弱，见各属并陷，遂靡然以为天倾地坼，不复作反正之想。不待其迫胁以从，而甘心蓄发助战，希图充当军师旅帅，以讹索其乡人，掳掠郡县村镇，以各肥其私囊。是以每战动盈数万人，我军为之震骇。若果能数道出师，禽斩以千万计，始则江西从逆之民有悔心，继则广东新附之贼生疑贰，而江西之局势必转，而粤贼之衰象亦愈见矣。

南兄能于吉安一路出师，合瑞、袁已列为三路，是此间官绅士民所祷祀以求者也，即日当先行具奏。沅弟能随南翁以出，料理戎事，亦足增长识力。南翁能以赤手空拳干大事而不甚着声色，弟当留心仿而效之。夏憩兄前亦欲办援江之师，不知可与南兄同办一路否？渠系簪缨巨室，民望所归，又奉特旨援江，自不能不速图集事。惟与南兄共办一枝，则众擎易举；若另筹一路，则独力难成。沅弟若见憩翁，或先将鄙意道及，余续有信奉达也。

周凤山现在省城，余飞札调之来江。盖欲令渠统一军，峙衡统一军，一扎老营，一作游兵，不知渠已接札否？望沅弟催之速来，其现在袁州之伍化蛟、黄三清本系渠部曲，可令渠带来也。

余俟续布。

国藩又及

【注释】

① 诛殛：致命打击的意思。

致九弟·愧对江西绅士

（咸丰七年十二月二十一日）

沅甫九弟左右：

十九日亮一等归，接展来函，具悉一切。临江克复，从此吉安当易为力，弟黾勉为之，大约明春可复吉郡，明夏可克抚、建。凡兄所未了之事，弟能为我了之，则余之愧憾可稍减矣。

余前在江西，所以郁郁不得意者：第一不能干预民事，有剥民之权，无泽民之位，满腹诚心，无处施展；第二不能接见官员，凡省中文武官僚晋接有稽，语言有察；第三不能联络绅士，凡绅士与我营款惬，则或因吃醋而获咎（万篪轩是也）。坐是数者，方寸郁郁，无以自伸。然此只坐不应驻扎省垣，故生出许多烦恼耳。弟今不驻省城，除接见官员一事无庸议外，至爱民、联绅二端，皆可实心求之。现在饷项颇充，凡抽厘劝捐决计停之，兵勇扰民严行禁之，则吾夙昔爱民之诚心，弟可为我宣达一二矣。

吾在江西，各绅士为我劝捐八九十万，未能为江西除贼安民；今年丁忧奔丧太快，若恝然[1]弃去，置绅士于不顾者，此余之所悔也（若少迟数日，与诸绅往复书问乃妥）。弟当为余弥缝此阙，每与绅士书札往还，或接见畅谈，具言江绅待家兄甚厚，家兄抱愧甚深等语。

就中如刘仰素、甘子大二人，余尤对之有愧。刘系余请之带水师，三年辛苦，战功日著，渠不负吾之知，而余不克始终与共患难。甘系余请之管粮台，委曲成全，劳怨兼任，而余以丁忧遽归，未能为渠料理前程。此二人皆余所惭对，弟为我救正而补苴之。

余在外数年，吃亏受气实亦不少，他无所惭，独惭对江西绅士，此日内省躬责己之一端耳。弟此次在营境遇颇好，不可再有牢骚之气，心平志和，以迓天休，至嘱至嘱！

承寄回银二百两收到。今冬收外间银数百（袁漱六、郭雨三各二百），而家用犹不甚充裕，然后知往岁余之不寄银回家，不孝之罪，上通于天矣。澄弟于十四日赴县，二十日回家。赖古愚十七日上任。亦山先生十七日散学。邓先生尚未去。萧组田、罗伯宜并已归去，韩升亦于十七日旋省矣。

四宅大小平安。余日内心绪少佳，夜不成寐，盖由心血积亏，水不养肝之故，春来当好为调理。甲三所作八股文，近颇长进，科一、四、六三人之书尚熟。二先生皆严惮良师也，一切弟可放心。即颂年祺，不一一。

兄国藩手草

【注释】

① 恝然：同“忽然”。

致九弟·带兵应有强毅之气

（咸丰八年正月初四日夜）

沅甫九弟左右：

十二月二十八日接弟二十一日手书，欣悉一切。

临江已复，吉安之克实意中事。克吉之后，弟或带中营围攻抚州，听候江抚调度；或率师随迪安北剿皖省，均无不可。届时再行相机商酌。此事我为其始，弟善其终，补我之阙，成父之志，是在贤弟竭力而行之，无为遽怀归志也。

弟书自谓是笃实一路人，吾自信亦笃实人，只为阅历世途，饱更事变，略参些机权作用，把自家学坏了。实则作用万不如人，徒惹人笑，教人怀恨，何益之有？近日忧居猛省，一味向平实处用心，将自家笃实的本质还我真面、复我固有。贤弟此刻在外，亦急须将笃实复还，万不可走入机巧一路，日趋日下也。纵人以巧诈来，我仍以浑含应之，以诚愚应之；久之，则人之意也消。若钩心斗角，相迎相距，则报复无已时耳。

至于强毅之气，决不可无，然强毅与刚愎有别。古语云自胜之谓强。曰强制，曰强恕，曰强为善，皆自胜之义也。如不惯早起，而强之未明即起；不惯庄敬，而强之坐尸立斋；不惯劳苦，而强之与士卒同甘苦，强之勤劳不倦。是即强也。不惯有恒，而强之贞恒，即毅也。舍此而求以客气胜人，是刚愎而已矣。二者相似，而其流相去霄壤，不可不察，不可不谨。

李云麟气强识高，诚为伟器，微嫌辩论过易，弟可令其即日来家，与兄畅叙一切。

兄身体如常。惟中怀郁郁，恒不甚舒畅，夜间多不成寐，拟请刘镜湖三爷来此一为诊视。闻弟到营后体气大好，极慰极慰。

九弟媳近亦平善。元旦至新宅拜年，叔父、六弟亦来新宅。余与澄弟等初二至白玉堂，初三请本房来新宅。任尊家酬完龙愿三日，因五婶脚痛所许，初四即散，仅至女家及攸宝庵，并未烦动本房。温弟与迪安联姻，大约正月定庚。科四前要包铳药之纸，微伤其手，现已痊愈。邓先生订十八入馆。葛先生拟十六去接。甲三姻事拟对筱房之季女，现尚未定。三女对罗山次子，则已定矣。

刘詹岩先生（绎）得一见否？为我极道歉忱。黄莘翁之家属近状何如？苟有可为力之处，弟为我多方照拂之。渠为劝捐之事怄气不少，吃亏颇多也。

母亲之坟，今年当觅一善地改葬。惟兄脚力太弱，而地师又无一可信者，难以下手耳。余不一一，顺问近好，诸惟心照。

国藩手具

再，带勇总以能打仗为第一义。现在久顿坚城之下，无仗可打，亦是闷事。如可移扎水东，当有一二大仗开。弟营之勇锐气有余，沉毅不足，气浮而不敛，兵家之所忌也，尚祈细察。偶作一对联箴弟云：打仗不慌不忙，先求稳当，次求变化；办事无声无息，既要精到，又要简捷。贤弟若能行此数语，则为阿兄争气多矣。国藩又行。

致九弟·治军须脚踏实地

（咸丰八年正月十四日）

沅甫九弟左右：

十二日安五来营，寄第二号家信，谅已收到。

十三日午刻，九弟妇生一女，极为迅速。巳刻余在曾家坳，尚无信息。旋因胡二龙来，余回腰里交付，即闻接内人、四弟妇过去。少顷，龙过曾家坳，则已踏生矣。血晕约大半个时辰，服大补剂，申初痊愈。仰仗祖宗福庇，此事平安。弟可放心。

治军总须脚踏实地，克勤小物，乃可日起而有功。凡与人晋接周旋，若无真意，则不足以感人；然徒有真意而无文饰以将之，则真意亦无所托之以出，《礼》所称无文不行也。余生平不讲文饰，到处行不动，近来大悟前非。弟在外办事宜随时斟酌也。

甲三十三日回家，芝生十三日复来。温弟与李家定二月十三日拨庚。龙达生解元初七、初九宿腰里，初八宿小界家中。四宅平安，不必挂念。顺问近好。

兄国藩手草

闻我水师粮台银两尚有赢余，弟营此时不缺银用，不必解往。若绅民中实在流离困苦者，亦可随便周济。兄往日在营艰窘异常，初不能放手作一事，至今追恨。弟若有宜周济之处，水师粮台尚可解银二千前往。应酬亦须放手，办在绅士百姓身上，尤宜放手也。十四日又行。

致九弟·宜以求才为在事

（咸丰八年四月初九日）

沅甫九弟左右：

四月初五日得一等归，接弟信，得悉一切。

兄回忆往事，时形悔艾，想六弟必备述之。弟所劝譬之语，深中机要，“素位而行”一章，比亦常以自警。只以阴分素亏，血不养肝，即一无所思，已觉心慌肠空，如极饿思食之状。再加以憧扰之思，益觉心无主宰，怔悸不安。

今年有得意之事两端：一则弟在吉安声名极好，两省大府及各营员弁、江省绅民交口称颂，不绝于吾之耳；各处寄弟书及弟与各处禀牍信缄俱详实妥善，犁然有当[1]，不绝于吾之目。一则家中所请邓、葛二师品学俱优，勤严并著。邓师终日端坐，有威可畏，文有根柢，而又曲合时趋，讲书极明正义，而又易于听受。葛师志趣方正，学规谨严，小儿等畏之如神明，而代管琐事亦甚妥协。此二者皆余所深慰。虽愁闷之际，足以自宽解者也。第声闻之美，可恃而不可恃。兄昔在京中颇著清望，近在军营亦获虚誉。善始者不必善终，行百里者半九十里，誉望一损，远近滋疑。弟目下名望正隆，务宜力持不懈，有始有卒。

治军之道，总以能战为第一义。倘围攻半岁，一旦被贼冲突，不克抵御，或致小挫，则令望隳[2]于一朝。故探骊之法，以善战为得珠，能爱民为第二义，能和协上下官绅为第三义。愿吾弟兢兢业业，日慎一日，到底不懈，则不特为兄补救前非，亦可为吾父增光于泉壤矣。

精神愈用而愈出，不可因身体素弱过于保惜，智慧愈苦而愈明，不可因境遇偶拂遽尔摧沮。此次军务，如杨、彭、二李、次青辈皆系磨炼出来，即润翁、罗翁亦大有长进，几于一日千里，独余素有微抱，此次殊乏长进。弟当趁此增番识见，力求长进也。

求人自辅，时时不可忘此意。人才至难，往时在余幕府者，余亦平等相看，不甚钦敬。洎今思之，何可多得！弟常常以求才为急，其阘冗者，虽至亲密友，不宜久留，恐贤者不愿共事一方也。

澄侯弟初九日晋县，系刘月槎、朱尧阶等约去清算往年公账。罢山先生近日小疾，服黄芪两余，尚未全愈，请甲五在曾家坳帮同背书。如再数日不愈，拟令科四来从邓先生读，科六则仍从甲五读，若渐愈则不必耳。纪泽近亦小疾，初八日两人皆停课未作。纪泽出疹咳嗽，亦难遽期全瘳。

余自四月来，眠兴较好，近读杜佑《通典》，每日二卷，薄者三卷。惟目力极劣，余尚足支持。四宅大小眷口平安。定三舅爹三月十六来，四月初六归去，在新宅住四天，余住老宅。王福初十赴吉安，另有信，兹不详。

兄国藩手草

再，弟前请兄与季高通信，兹写一信，弟试观之，尚可用否？可用则便中寄省，不可用则下次再写寄可也。又行。

迪安嘱六弟不必进京，厚意可感！弟于迪、厚、润、雪、次青五处，宜常常通问。恽廉访处，弟亦可寄信数次，为释前怨。《欧阳文忠集》，吉安若能觅得，望先寄回。

【注释】

① 犁然有当：井然有序的意思。

② 隳：毁坏，坠毁。

致九弟季弟·述杨光宗不驯

（咸丰十年六月初十日午刻）

沅、季弟左右：

初九日连接初四、六日二缄，具悉一切。

出队以护百姓收获甚好，与吉安散耕牛籽种用意相似。吾辈不幸生当乱世，又不幸而带兵，日以杀人为事，可为寒心，惟时时存一爱民之念，庶几留心田以饭子孙耳。

杨镇南之哨官杨光宗，头发横而盘，吾早虑其不驯[①]。杨镇南不善看人，又不善断事，弟若看有不妥叶之意，即饬令仍回兄处，兄另拨一营与弟换可耳。

吾写对联，向不要人代笔。季弟所指者系何人所代，以后当饬禁之。

吾于初十日至历口，十一日拟行六十里赶至祁门县，十二日先太夫人忌辰，不欲纷纷迎接应酬也。宁国府一军紧急之至，吾不能拨兵往援，而拟少济之以饷，亦地主之道耳。家信暨云仙寄去。

【注释】

① 驯：驯服。

致九弟·对悍将宜宽严并济

（同治元年四月十一日）

沅弟左右：

李世忠穷困如此，既呼吁于弟处，当有以应之。三千石米，五千斤火药，余即日设法分两次解弟处，由弟转交李世忠手。

此辈暴戾险诈，最难驯驭。投诚六年，官至一品，而其党众尚不脱盗贼行径。吾辈待之之法，有应宽者二，有应严者二。应宽者：一则银钱慷慨大方，绝不计较。当充裕时，则数十百万掷如粪土，当穷窘时，则解囊分润，自甘困苦；一则不与争功，遇有胜仗，以全功归之，遇有保案，以优奖笼之。应严者：一则礼文疏淡，往还宜稀，书牍宜简，话不可多，情不可密；一则剖明是非，凡渠部弁勇有与百姓争讼，而适在吾辈辖境，及来诉告者，必当剖决曲直，毫不假借，请其严加惩治。应宽者，利也，名也；应严者，礼也，义也。四者兼全，而手下又有强兵，则无不可相处之悍将矣。

水师独攻金柱关，恐难得手，不如不泄此机，待陆兵渡江，再行下手为妙。

少荃于三月二十七日谕旨饬署苏抚。广东督办厘金，放晏端书，以其为戊戌同年而派。朝廷之用心，良可感矣。

致九弟·宜多选好替手

（同治元年四月十二日）

沅弟左右：

水师攻打金柱关时，若有陆兵三千在彼，当易得手。保[①]彭杏南，系为弟处分统一军起见。弟军万八千人，总须另有二人堪为[②]统带者，每人统五六千，弟自统七八千，然后可分可合。杏南而外，尚有何人可以分统？亦须早早提拔。

办大事者，以多选替手为第一义。满意之选不可得，姑节取其次，以待徐徐教育可也。

【注释】

① 保：保举，荐举。

② 堪为：胜任。

致诸弟·用人不率冗存心不自满

（同治五年三月二十六日）

澄、沅弟左右：

三月十八接沅弟二月二十八日长沙河干一信，二十二日接澄弟二月二十二日一缄，具悉一切。

沅弟定于十七接印，此时已履任数日矣。督抚本不易做，近则多事之秋，必须筹兵筹饷。筹兵，则恐以败挫而致谤；筹饷，则恐以搜括而致怨。二者皆易坏声名。而其物议沸腾，被人参劾者，每在于用人之不当。沅弟爱博而面软，向来用人失之于率，失之于冗。以后宜慎选贤员，以救率字之弊；少用数员，以救冗字之弊。位高而资浅，貌贵温恭，心贵谦下。天下之事理人才，为吾辈所不深知，不及料者多矣，切弗存一自是之见。用人不率冗，存心不自满，二者本末俱到，必可免于咎戾，不坠令名。至嘱至嘱，幸勿以为泛常之语而忽视之。

陈筱浦不愿赴鄂。渠本监务好手，于军事吏事恐亦非其所长。余处亦无折奏好手，仍邀子密前来，事理较为清晰，文笔亦见精当。自奏折外，沅弟又当找一书启高手，说事明畅，以通各路之情。

此间军事，二十一日各折已咨弟处，另有密件抄去一览。复张子青一信亦抄阅。纪泽母子等四月中旬当可抵鄂。纪鸿留弟署读书，余以回湘为是。科三嫂病愈，甚慰甚慰。顺问近好。

图书在版编目（CIP）数据

曾国藩家书 /（清）曾国藩著；赵焕祯注 .
-- 武汉：崇文书局，2012.7（2020.6 重印）
ISBN 978-7-5403-2217-5

Ⅰ.①曾…
Ⅱ.①曾… ②赵…
Ⅲ.①曾国藩（1811 ~ 1872）—书信集
Ⅳ.① K827=52

中国版本图书馆 CIP 数据核字 (2012) 第 132798 号

曾国藩家书

责任编辑 程可嘉
装帧设计 刘嘉鹏 余冬冬
出版发行 长江出版传媒 | 崇文书局
业务电话 027-87293001
印　　刷 荆州市翔羚印刷有限公司
版　　次 2012年7月第1版
印　　次 2020年6月第7次印刷
开　　本 880×1230 1/32
印　　张 6.75
定　　价 34.80元